Jung bleiben für Anfänger

Gitta Saxx: Jung bleiben für Anfänger

www.edition-a.at

Lektorat: Raphaela Brandner, Anatol Vitouch

Cover: Hidsch
Coverfoto: Lukas Beck
Gestaltung: Hidsch, Raphaela Brandner
Druck: Theiss (www.theiss.at)

Gesetzt in der *Premiéra*

2 3 4 5 6 — 15 14 13 12

ISBN 978-3-99001-039-6

Gitta Saxx

Jung bleiben für Anfänger

Mit Fotos von Moritz Schell

edition a

Inhalt

ALS ICH SIEBEN JAHRE LANG 29 WAR

Vor einigen Jahren hatte ich bei einem Katalogshooting ein Schlüsselerlebnis. Wir fotografierten eine Wäsche- und Bademodenkollektion. Das Team kannte ich bereits seit vielen Jahren, mit dem Kunden und dem Fotografen arbeitete ich ebenfalls schon lange zusammen. Die Shootings fanden abwechselnd in Kapstadt und auf Lanzarote oder Fuerteventura statt. So hatte sich ein entspanntes und vertrautes Arbeitsklima entwickelt.

Ich saß auf dem Rücksitz unseres Wagens und wartete auf meine Kolleginnen, um zurück ins Hotel zu fahren. Die Kundin und der Fotograf kamen in den Van und unterhielten sich. Ich glaube, sie nahmen mich gar nicht wahr. »Du, Patrick«, sagte die Kundin zum Fotografen, »die Yvonne können wir bald nicht mehr buchen. Die wird dreißig.«

Ich verstand die Welt nicht mehr. Besagte Yvonne war wunderschön und hatte eine Haut wie eine Zwanzigjährige. Sie war seit Jahren ein gefragtes und sehr professionelles Model und das Gesicht einer bekannten Schweizer Kosmetiklinie. Sie hatte nicht ein einziges Fältchen. Ich kannte niemanden mit einer so ebenmäßigen, schönen und glatten Haut wie sie. Aber was nützte das? Keiner würde sie mehr buchen, wenn die erste Ziffer ihres Alters eine Drei wäre. Ich war geschockt.

Der Satz dieser Kundin klang mir während der restlichen Reise ständig in den Ohren, denn ich war damals selbst 29 und mein dreißigster Geburtstag stand unmittelbar bevor. Mir wurde einiges klar. Auch wenn die Atmosphäre am Set angenehm und freundschaftlich war, auch wenn meine Arbeit noch so professionell war, würde ich nach meinem nächsten Geburtstag, wie Yvonne, in der Branche abgeschrieben sein.

Nach meiner Rückkehr nach München beschloss ich, meinen dreißigsten Geburtstag einfach für einige Zeit aufzuschieben. Ich änderte meine Einstellung, konservierte meine innere Jugend und dachte mich 29. Und siehe da: Ich war 29. Keine 30 plus, sondern weiterhin »sweet twenty something«, in meinem Kopf und für alle anderen.

Zuerst fiel es niemandem auf. Als es die Leute von meiner Agentur nach zwei Jahren mitbekamen, war es ihnen egal. Solange sich kein Kunde beschwerte, meinten sie, würden sie meine Entscheidung unterstützen. Damit stand noch immer eine Zwei vorne, als ich in Wirklichkeit schon 32 war.

Ausgerechnet jetzt begann die erfolgreichste Zeit meiner Karriere. Ich bekam mehr Aufträge denn je. Eine Beautykampagne folgte der nächsten. Maria Galland, Marbert, Lancaster, Clarins, Margret Astor. Es gab kaum eine Kosmetikfirma, deren Gesicht ich nicht war. Das alles mit mehr als dreißig Jahren. Aus Sicht der Modebranche eigentlich ein Skandal.

Erst als ich einige Jahre später überraschend von den Playboy-Lesern zum »Playmate des Jahrhunderts« gewählt wurde und als Person ins Licht der Öffentlichkeit rückte, fand ein Journalist mein wahres Alter heraus. Da war ich bereits 36.

Mir wurde erst später richtig bewusst, wie ich so lange 29 bleiben konnte, ohne dass es jemandem aufgefallen wäre. Es lag eben nicht nur an der Zahl, die ich korrigiert hatte. Durch die Kraft meiner Gedanken und meiner inneren Einstellung war ich jünger geblieben und wurde von meinem Umfeld auch so wahrgenommen. Heute weiß ich durch meine Erfahrung, meine spirituelle Arbeit und meine intensive Weiterbildung, wie groß der Einfluss dieser Kraft auf uns ist. Auf unseren Beruf, unser Aussehen und unsere Gesundheit.

Ich will mit dieser Geschichte niemanden dazu anstiften, bei seiner Altersangabe zu mogeln. Ich möchte nur zeigen, dass es an uns selbst liegt, wie jung wir sind, und ich möchte die Absurdität des herrschenden Frauenbildes vor Augen führen. Eine abstrakte Zahl entscheidet über das Bild, das sich andere von uns machen. Ich habe bei nichts anderem als meinem Geburtsjahr geschwindelt, und schon hatte niemand mehr etwas an meiner Arbeit auszusetzen.

Natürlich gibt es auch bei mir Momente, in denen ich mein Spiegelbild gerne verleugnen würde, aber da heißt es für mich, die

Herausforderung anzunehmen. Ich übe mich darin, zu mir zu stehen, auch wenn ich manchmal unzufrieden bin und mein Körper sich nun einmal im Laufe der Jahre verändert hat. »Sich selbst zu lieben, ist der Anfang einer lebenslangen Leidenschaft«, hat Oscar Wilde gesagt.

Das Frauenbild ist eine Illusion, die noch dazu von Männern gemacht ist. Keine Frau der Welt, nicht einmal die Models, können dieses Bild im wirklichen Leben erfüllen. Wenn sich Frauen ab vierzig von Chirurgen gemäß diesem Bild zurechtschneidern lassen, machen sie sich zu Opfern dieser Illusion.

Wie viele Opfer es inzwischen gibt, zeigt eine beunruhigende Zahl aus den Gesundheitsstatistiken. Essstörungen treten neuerdings besonders oft bei Frauen in den Wechseljahren auf. Was früher eher ein Problem von heranwachsenden Mädchen war, verlagert sich nun in die Altersklasse kurz vor und nach der Menopause. Die Gewichtszunahme aufgrund der Hormonumstellung lässt viele Frauen zu drastischen Diäten greifen, was zu späten Bulimie-Erkrankungen führt. Anscheinend erträgt es die Gesellschaft nicht mehr, dass sich die Figur einer Frau mit den Jahren auf natürliche Weise verändert. Frauen sollen und wollen auch jenseits der Fünfzig schlank und sportlich sein, natürlich mit dem Gewicht, das sie vor dreißig Jahren hatten. Das ist ein Kampf, den sie nicht gewinnen können, es sei denn, auf Kosten ihrer Gesundheit.

Als ich mich entschlossen habe, für mein Buch ein erotisches Fotoshooting zu machen, musste ich mich trotzdem ein kleines bisschen überwinden, ehe ich mich jetzt, 24 Jahre nach dem Playboy-Shooting, das mich zum »Playmate des Jahrhunderts« gemacht hat, im steirischen Wellnesshotel Rogner Bad Blumau auszog. Ich habe mich davor nicht nur einmal vor den Spiegel gestellt und mich gefragt, ob ich mich das wirklich trauen kann. Und zugegeben, ich habe extra fünf Kilo dafür abgenommen, unter anderem mit einer Kältetherapie, die Fettzellen verbrennt und die ich später noch beschreiben werde. Irgendwie war auch das Bildbearbeitungsprogramm, das ich auf meinem Computer habe, eine moralische Stütze. Schließlich überwand ich mich trotzdem und beschloss, dem Fotografen voll und ganz zu vertrauen. Ich tat es mit Freude, als Signal an alle Frauen, dass wir uns schön fühlen und damit schön sein können, egal welche Ziffer an der ersten Stelle unseres Alters steht. Das Ergebnis sehen Sie nach Seite 16.

Ich werde oft sowohl von Mädchen als auch von Frauen meines Alters auf mein Aussehen angesprochen. Denn seit mein Alter bekannt geworden ist, läuft es mit, und viele sind überrascht, wenn sie erfahren, dass ich inzwischen 47 bin. Sie bitten mich um Tipps und Ratschläge. Ich gebe mein Wissen, das ich in meiner Zeit als Model erworben habe, gerne weiter. Zum Teil besteht es aus ganz pragmatischen und einfachen Mitteln, jung und schön zu bleiben. Nicht nur Models, Playmates und Promis können davon profitieren. Frauen jeden Alters, jeden Berufs und aus jeder gesellschaftlichen Position steht der Weg offen für Jugend, Schönheit und ein sexy Lebensgefühl. Doch wie gesagt, die wahren Beautygeheimnisse liegen nicht nur darin, was eine Frau für sich und ihr Aussehen tun kann und wie sie sich in dem breiten Angebot der Kosmetikindustrie zurechtfindet. Tipps, Produkte und Konzepte aus dieser Ecke warten da draußen genug auf uns. Ganz entscheidend sind unsere Einstellung zum Älterwerden und die Liebe, die wir zu uns selbst entwickeln können.

Die Wenigsten von uns sehen mit Begeisterung ihre ersten Fältchen und grauen Haare. Auch ich nicht. Diese Spuren der Zeit wie Freunde zu begrüßen, wie manche raten, halte ich weder für angebracht noch für notwendig. Älter werden und alt sein ist trotzdem nicht das Gleiche. Den Unterschied machen die innere Einstellung und die Erkenntnis, dass Jugendlichkeit kein fixes Ablaufdatum hat.

Es bringt dabei nichts, einfach stehen zu bleiben und sich an die Jugend zu klammern. Es geht vielmehr darum, sie mit auf die Reise zu nehmen. Wir müssen uns weiterentwickeln, reifer werden, dabei voll im Leben stehen und es aktiv bestimmen. Der spirituelle Weg, das körperliche Wohlbefinden und die äußerliche Schönheit sind eine untrennbare Einheit. Darin liegt das wahre Geheimnis.

ESSEN WIR UNS JUNG UND SCHÖN

Einer der Schlüssel zur ewigen Jugend ist die richtige Ernährung. Doch so einfach das klingt, so schwierig scheint es uns zu fallen, die Konsequenzen daraus zu ziehen. Viele Ernährungsfehler machen wir aus Gewohnheit, einige haben uns überhaupt schon unsere Eltern anerzogen, die es selbst nicht besser wussten. Es ist an uns, umzudenken und diesen Kreislauf zu durchbrechen.

Die Suche nach der richtigen Ernährungsform ist schwierig. Da gibt es selbst ernannte »Gesundheits- und Ernährungspäpste« die mit ihren Erkenntnissen in die Medien drängen, und traditionelle Lehren wie die Makrobiotik. Ständig gelangen Ernährungsstudien zu ebenso revolutionären wie einander widersprechenden Ergebnissen. Wem können wir glauben? Wer hat recht?

Die »eine« Ernährungslehre, die zu allen Menschen passt, gibt es nicht. Wir müssen selbst ausprobieren und zusammenstellen, was unseren Körper und unsere Gesundheit stärkt und unterstützt.

Ich habe mich zum ersten Mal an der Hauswirtschaftsschule in Schramberg im Schwarzwald im Fach »Ernährungslehre« mit dem Thema befasst. Die Grundkenntnisse und die wichtigsten Inhaltsstoffe unserer Lebensmittel und ihre Wirkung bekam ich damals mit. Richtig wachgerüttelt, was meine eigene Ernährung betrifft, hat mich erst Jahre später ein persönliches Drama.

Es begann ganz harmlos mit ein paar roten Flecken im Gesicht. Zuerst fanden sie sich vorwiegend um Augen und Mund, doch dann breiteten sie sich auf meinen ganzen Körper aus. Mir war das Schlimmste passiert, was einem Beautymodel passieren konnte. Meine Haut spielte verrückt.

Das war besonders schlimm, da ich damals vor allem Kosmetikkampagnen sowie Bademoden- und Dessous-Shootings machte. Einmal musste ich sogar ein Wäscheshooting in Miami unterbrechen und einen Notarzt um Hilfe bitten. Der spritzte mir ein Mittel, das die Rötungen in Sekundenschnelle verschwinden ließ. Leider verschwand mein Kunde auch.

Im Gesicht war es so schlimm, dass ich die Mutter meines damaligen Freundes, eine Ärztin, vor wichtigen Shootings konsultierte, damit sie mir Kortison spritzte. Es war ein Albtraum. Wenn es Pickel gewesen wären, hätte ich einfach ein Anti-Pickel-Mittel verwendet. Es war aber eine Art Allergie, deren Ursprung die Ärzte damals nicht lokalisieren konnten.

Meine Agentur in Kapstadt fragte an, ob ich für ein paar Monate »on stay« nach Südafrika kommen wolle. Das kam genau zum richtigen Zeitpunkt. Nach meiner Ankunft traf ich eine Freundin, die in Kapstadt lebte. Sie war bei unserer Begegnung davor noch eher mollig gewesen, doch nun beeindruckte sie mich mit ihrer schlanken Figur. Sie sagte, sie würde sich seit einiger Zeit nur noch makrobiotisch ernähren. So hätte sie nicht nur ihr Gewicht reduziert, sondern auch ihr gesamtes Erscheinungsbild verbessert.

Ich sah Hoffnung für mein Hautproblem und begleitete sie wenig später zu einer Makrobiotiklehrerin, die einen Puls- und Ernährungsgewohnheiten-Check mit mir machte und mir einen strikten Ernährungsplan verordnete. Ich wusste jetzt genau, was ich essen durfte, und vor allem kannte ich die Lebensmittel, die ich nicht mehr essen durfte.

Außerdem lernte ich, dass ich jeden Bissen gut und lange kauen muss, etwa fünfzig bis hundert Mal, denn das aktiviert zusätzlich die Ohrenspeicheldrüsen, die das Hormon Parotin freisetzen.

Das bei langem Kauen ausgeschüttete Hormon Parotin erneuert die Zellen, wirkt positiv auf das Hormonsystem und verjüngt den ganzen Körper.

Kauen wir zu wenig, verschlucken wir dieses Hormon zu früh, und der Magen zerstört es. Nur durch längeres Kauen kann es seine Wirkung entfalten, indem das Lymphsystem es aufnimmt. Ausgiebiges Kauen hat auch noch andere positive Auswirkungen. Es hilft beim Abnehmen, weil der Hunger auf diese Art früher verschwindet. Es wirkt gegen Verstopfung und Blähungen, weil wir die Nahrung im

Mund besser aufspalten und dem Darm dadurch die Arbeit erleichtern. Außerdem hilft das lange Kauen, einen klaren Geist zu bekommen und leichter Entscheidungen zu treffen.

> *Wenn ich ein bestimmtes Ziel erreichen will, hilft es, wenn ich es mir während des ausgiebigen Kauens vorsage. »Ich bin jung, munter und voller Energie«, zum Beispiel. So nehmen meine Zellen den Satz mit der Nahrung auf, und er kann seine Wirkung entfalten.*

Nun zum Speiseplan, an den ich mich laut meiner südafrikanischen Ernährungslehrerin strikt halten sollte. Er schloss sozusagen alles aus, was Augen hatte. Alles vom Tier war ab jetzt tabu. Keine Eier, keine Milch, kein Käse, keine Wurst, kein Fisch. Auch Brot war gestrichen. Kein Weizen, kein Weißmehl und so weiter. Das war für mich, die ich leidenschaftlich gern Brot aß, wirklich schlimm. Zucker und Alkohol sollte ich ebenfalls weglassen und Salz meiden.

Die Basis meines Speiseplans wurden bestimmte Gemüsesorten, Algen, hochwertige Getreidesorten und Naturreis. Erika, so hieß meine Ernährungslehrerin, erleichterte mir die Umstellung, indem sie das Mittagessen für uns zubereitete und das Abendessen zum Mitnehmen vorbereitete.

Mein Wochenendeinkauf im Supermarkt veränderte sich gründlich. Ich las zum ersten Mal die Etiketten auf den Verpackungen genau durch und achtete auf die Inhaltsstoffe. Mir fiel auf, wie viel Zucker und Chemie die meisten Lebensmittel enthalten. So vieles, das ich gewohnt war und gerne aß, konnte ich nun nicht mehr kaufen, weil es meinem Ernährungsplan widersprach. Doch an den wollte und musste ich mich meiner Gesundheit und meinem Beruf zuliebe genau halten. Ich gestehe, dass ich mir in einer kleinen italienischen Bar in der Nähe meiner Wohnung ab und zu einen Cappuccino gegönnt habe. Aber das war auch schon meine einzige Sünde. Wer keine herkömmlichen Kohlenhydrate wie Brot oder Nudeln und nichts Tierisches essen soll, dem bleibt keine große

Auswahl, hätte ich davor gedacht. Tatsächlich tat sich für mich gerade durch diese Einschränkung erst die große Welt einer neuen Ernährung auf, der ich fortan mit sehr viel mehr Wertschätzung und Respekt begegnete.

Die makrobiotische Ernährung ist keine Erfindung unserer Zeit. Sie ist in der Antike entstanden, und schon Aristoteles hat sie beschrieben. Der Leibarzt von Goethe und Schiller, Christoph Wilhelm Hufeland, verfasste 1796 das Buch »Makrobiotik oder die Kunst, das menschliche Leben zu verlängern«. Von ihm stammt der Satz: »Der Mensch lebt nicht von dem, was er isst, sondern von dem, was er verdaut.«

Die moderne Makrobiotik hat ihren Ursprung in Japan. Georges Ohsawa, ein japanischer Philosoph, übernahm den Begriff von Hufeland und entwickelte die Ernährungslehre und Philosophien seines Landsmannes Sagen Ishizuka weiter, mit denen er sich ab 1913 beschäftigt hatte. Ohsawa wurde so zum Begründer der modernen Makrobiotik.

Da der Schwerpunkt der makrobiotischen Ernährung auf vollwertigem Getreide, wie Hirse, Mais, Buchweizen und Naturreis, sowie Gemüse, Bohnen, Früchten und Algen liegt, ist sie fettarm und reich an Ballaststoffen. Neben Fleisch, tierischen Fetten, Milchprodukten und Eiern sind auch künstliche Süßstoffe und Lebensmittel mit chemischen Zusätzen sowie Nahrungsergänzungsmittel tabu. Es gibt sogar »verbotene« Gemüsesorten. Kartoffeln, Tomaten, Paprika, Auberginen und Spargel fördern laut Makrobiotik die Gesundheit ebenfalls nicht.

Ich lernte nach Lebensmitteln zu suchen, die biologisch und regional angebaut wurden, und schätzte meine neue Art der Ernährung immer mehr. Meinem Körper ging es besser, und ich fühlte mich rundum wohl. Ich kehrte in einen ausgeglichenen Zustand zurück, fühlte mich plötzlich kraftvoll und auf eine schwer zu beschreibende Art sauber. Das zeigte sich auch auf meiner Haut. Die roten Flecken verschwanden innerhalb von vier Wochen. Nach meiner Rückkehr nach Deutschland versuchte ich mich noch einige Wochen an Erikas

Plan zu halten. Ich kochte für mich zuhause und nahm meinen Buchweizenbrei oder meinen braunen Reis mit Gemüse in kleinen Behältern mit zu den Shootings. Meine Fototeams wunderten sich über mich. Damals, vor zwanzig Jahren, war das Thema gesunde Ernährung noch nicht so gegenwärtig, wie es das heute zum Glück ist. Heutzutage ernähren sich Madonna und Gwyneth Paltrow makrobiotisch und finden viele Nachahmer. Damals galt ich noch als »verrückte Bio-Tante«.

Mit der Zeit ließ meine Disziplin nach. Immerhin ist diese Ernährungsweise ziemlich aufwendig. Auf Dauer wäre sie mir, obwohl die Makrobiotik alles bietet, was ein Mensch braucht, auch etwas zu eintönig gewesen. Trotzdem hat diese Zeit bei mir Bewusstsein für die Qualität von Lebensmitteln geschaffen und meine Einstellung zum Essen gründlich verändert. Mein Gefühl für meinen Körper, mein äußeres Erscheinungsbild und die Bedeutung, die meine Ernährung dabei spielt, sind mir erst in Kapstadt so richtig zu Bewusstsein gekommen.

Ich wusste jetzt, dass Nahrungsmittel dem Gehirn und den Muskeln als Energiequelle dienen sollen. Sie machen uns alt oder jung und sie sind der Treibstoff für Wohlbefinden und gute Laune. Die richtigen Kohlenhydrate, Eiweiße, Vitamine, Spurenelemente und Mineralstoffe kurbeln den Stoffwechsel an und halten uns vital. Ich hatte verstanden, dass es nicht der richtige Weg sein kann, wenn wir uns mit minderwertigen Lebensmitteln vollstopfen, die unseren Körper und unsere Gesundheit belasten.

Deshalb achte ich noch immer, wenn auch nach weniger strengen Regeln, auf Art und Qualität der Lebensmittel und koche mit Leidenschaft für Freunde oder einfach für mich selbst. Ich habe für dieses Buch einige Rezepte mit Zutaten zusammengestellt, die sich besonders dafür eignen, unseren Körper und unseren Geist jung zu halten. Einen Verjüngungsdrink haben Sie schon eingangs als »Aperitif« genossen, die Rezepte für die Speisen finden Sie im Anschluss an dieses Kapitel. Eines dieser Rezepte ist besonders wichtig, deshalb sei es gleich hier erwähnt: Die Misosuppe. Bei beginnendem Unwohlsein oder zur Stärkung des Immunsystems ist sie mein geheimes Wundermittel. Ich bereite sie selbst zu oder gehe zum nächsten Japaner, wenn ich auf Reisen bin. Da hat kein Zipperlein eine Chance. Doch die Misosuppe hat noch mehr Kräfte.

> *Für Misosuppe ist es nicht nur Zeit, wenn sich eine Erkältung ankündigt, sie ist die mächtigste Anti-Aging-Waffe und das weltbeste Schönheitsgeheimnis, das ich kenne.*

Miso ist reich an Kalzium, wichtigen Ölen, Eiweiß, Vitamin D und es enthält Bakterien, die unserem Körper helfen, Verdauungsenzyme zu produzieren und die unsere Fähigkeit stärken, wichtige Nährstoffe aus unseren Lebensmitteln aufzunehmen und zu verwerten.

Miso befreit den Körper darüber hinaus von radioaktiven Stoffen, mildert die Auswirkungen von zu starkem Rauchen und stärkt das Blut, was wiederum die Organe, die Haut, die Haare und die Nägel nährt und uns so länger jung und schön aussehen lässt. Die Haut bekommt eine rosige Farbe, die Lippen werden röter, und die Augen fangen an zu strahlen. Miso hilft zudem bei der Verhütung von Arteriosklerose und hohem Blutdruck, da es Linolsäure und Lezithin enthält. Damit löst es das Cholesterin im Blut auf und macht die Blutgefäße flexibler.

Gemüse-Misosuppe

Zutaten für 4 Portionen:
½ Süßkartoffel oder ein gleich großes Stück Hokkaido-Kürbis, klein geschnitten
½ Zwiebel, gehackt
1 kleine Karotte, klein geschnitten
½ EL Instant-Wakame-Alge
1-½ EL braunes Reismiso
4 Tassen Wasser
1 EL fein geschnittene Frühlingszwiebel, Schnittlauch oder Petersilie

Wasser zum Kochen bringen. Gemüse zugeben und 5 bis 8 Minuten kochen lassen. Auf kleinste Hitze schalten und Wakame-Alge zugeben. Miso in ein wenig Wasser auflösen und ebenfalls zufügen. 3–4 Minuten ziehen lassen. Auf keinen Fall kochen. Kochen zerstört die Enzyme im Miso. Mit den Frühlingszwiebeln garnieren und servieren. (Wegen des hohen Salzgehalts von Miso ist mehr als ein Teelöffel pro Tag nicht empfehlenswert.)

Respekt und Dankbarkeit

Wir müssen lernen, das Essen zu lieben und zu schätzen. Wir müssen erkennen und fühlen, dass die Inhaltsstoffe unserer Lebensmittel direkt auf unsere Gesundheit und unser Aussehen wirken.

Das Bewusstsein und die Wertschätzung für die tägliche Nahrung beginnen schon beim Einkauf. Wir sollten lernen, das Einkaufen der Lebensmittel gerne zu erledigen, es zu genießen. Der stressige Wocheneinkauf am Samstag lässt sich manchmal nicht vermeiden. Aber es geht auch anders. Es gibt einen Unterschied zwischen Stress und geschäftigem Treiben. Alternative Einkaufsmöglichkeiten wie Bauernmärkte machen mehr Spaß. Marktplätze sprechen mit den Farben der Früchte und der Gewürze und den oft exotischen Gerüchen alle Sinne an.

Ich kaufe am liebsten auf Bauernmärkten oder in Markthallen. So schütze ich mich vor zwar hübsch präsentierten, aber industriell gefertigten Lebensmitteln, deren Inhaltsstoffe mich alt aussehen lassen.

Erntefrische, saisonale Gemüse- und Obstsorten wie Kohl, Gurken, Äpfel, Birnen und Beeren aus regionalem, kleinbäuerlichem Anbau bekommen uns viel besser. Bioläden sind auch eine gute Ausweichmöglichkeit. Ich werde nie vergessen, wie ich zum ersten Mal in Los Angeles in einem der »Whole Foods« Biosupermärkte war. Es war unfassbar für mich: Ein riesengroßer Supermarkt, und alle Regale voll mit biologischen, organischen Lebensmitteln. Von Gemüsen, Salaten und warmen Gerichten zum Mitnehmen bis hin zu biologischer Kosmetik. Es fehlte wirklich nichts. Mir war unbegreiflich, dass es so etwas bei uns nicht gab. Ich gehe bis heute, wenn ich in Miami arbeite, noch lieber in einen Biosupermarkt als in ein Schuhgeschäft. Ich schwöre!

Dabei stimmt es nicht einmal unbedingt, dass biologische Lebensmittel so viel teurer sind. Denn bei einem bewussten Einkauf erstehen wir ganz automatisch viel weniger Unnützes, das dann ohnedies im Müll landen würde. Allerdings gilt es auch hier, nachzudenken und die Produkte zu hinterfragen.

Ich achte beim Einkauf auch darauf, wie die Produkte gelagert und verpackt werden. Oft sehe ich in den Supermärkten Paletten mit Wasser in Plastikflaschen in der prallen Sonne stehen. Ich kann mir nicht vorstellen, dass sich das positiv auf die Qualität auswirkt. Auch vorgeschnittenes und abgepacktes Gemüse oder Salat in verschweißten Plastikbeuteln begegne ich mit Argwohn. Es sammelt sich oft Flüssigkeit im Beutel und der Inhalt gärt unweigerlich. Das Gleiche gilt auch für Konservendosen und andere Produkte. Meinem Körper mute ich das lieber nicht zu. Wer es tut, sieht das Ergebnis davon irgendwann im Spiegel.

Egal wie sich jemand bisher ernährt hat, der Zeitpunkt, etwas zu ändern, ist immer richtig. Die Änderung sollte allerdings sanft erfolgen, in kleinen Schritten. Die Erfahrung hat mich gelehrt, dass Blitzstarts bei Ernährungsumstellungen meist zu frühzeitigen Abbrüchen führen.

Als eine Freundin und ihr Mann ihre Ernährung auf meinen Rat hin umstellen wollten, hatte er große Bedenken. Wie viele Männer hatte er Angst davor, auf seine alt bewährten Lieblingsspeisen zu verzichten und nur noch »Hasenfutter« auf seinem Teller zu finden. Langsam verkleinerten sie die Portionen und strichen die Fertigmenüs. Gebratenes weißes Fleisch mit frischem Gemüse, Lachs mit Spargel, verschiedene Salatvariationen, Naturreis mit Gemüse und der regelmäßige Genuss von Obst führten schließlich zum gewünschten Ergebnis. Die beiden verloren ein paar Kilos und genossen das neue Lebens- und Körpergefühl. Das Einkaufen von frischen

Lebensmitteln teilten sie sich untereinander auf, und es gehörte bald zur Routine, genauso wie das gemeinsame Zubereiten der Speisen. Sonntags gibt es bei den beiden dafür jetzt immer einen üppigen Brunch, zu dem sie mich oft einladen. Da schlemmen sie dann ohne Reue.

Durch die bewusste Auseinandersetzung mit den Lebensmitteln und dem Spaß an der Zubereitung kommt auch die Freude am Essen wieder. Fernseher aus, Kerzen an, wohl bekomm's.

Zumindest ich bin zu dauerhaftem Verzicht und strenger Askese nicht geboren, und den meisten Menschen geht es ebenso.

Wir sollten nicht daran denken, worauf wir verzichten müssten, wenn wir uns gesund ernähren. Denn es geht nicht um Verzicht. Es geht darum, dem Körper die Nährstoffe zu geben, die er wirklich braucht, um bestmöglich funktionieren zu können. Stellen wir uns selbst die Frage, ob unsere Ernährung unsere Lebensphilosophie unterstützt. Gibt sie mir Energie oder bewirkt sie, dass ich ständig müde bin? Es bringt nichts, wenn wir uns kasteien.

Was wir bekämpfen, wird stärker. Die Folge von eisernem Verzicht sind deshalb Heißhungerattacken.

Eine sinnvolle, unterstützende Ernährung schließt auch ein, dass wir uns selber ab und zu etwas vielleicht weniger Gesundes, aber dafür sehr Leckeres gönnen und es wirklich genießen. Es stimmt auch gar nicht, dass das Leckere unbedingt ungesund sein muss. Da empfiehlt sich der Besuch eines Kochkurses. Angebote gibt es genug, von vegetarisch und makrobiotisch über TCM und japanisch kochen.

Energiezombies

Unsere Ernährung ist voller versteckter Dickmacher, die unseren Körper belasten und schneller altern lassen. Ich nenne sie gerne »die Energiezombies«. Softdrinks und koffeinhaltige Erfrischungsgetränke gehören zum Beispiel dazu. Hier konsumieren wir riesige Zuckermengen, ohne uns dessen bewusst zu sein.

Viele Menschen trinken kaum noch Wasser. In meiner Kindheit waren Limonaden und koffeinhaltige Getränke noch etwas Besonders. Wir haben sie getrunken, wenn wir ausgingen, oder bei besonderen Gelegenheiten und Feiern. Ich kann mich noch erinnern, wie meine Freunde und ich in der Disco den ganzen Abend an einer Cola herumgenuckelt haben. Heute gehören diese Getränke in vielen Haushalten als fixer Bestandteil der »Ernährung« zum Alltag.

Zuckerhaltige Softdrinks sind keine Durstlöscher. Hin und wieder ein Softdrink wäre nicht so schlimm, doch wenn vor dem Fernseher die 1,5-Liter-Flasche mal geöffnet ist, trinken wir sie irgendwann auch leer, und so geht das Tag für Tag.

New York hat im Kampf gegen diese Energiezombies den Verkauf von zuckerhaltigen Limonaden auf Halblitergrößen begrenzt. Die in Fast-Food-Restaurants üblichen XXL-Becher mit beinahe einem Liter Inhalt sollen ab dem 12. März 2013 verboten sein. Das Verkaufsverbot gilt zwar nicht für Supermärkte, sondern nur für Imbisse, Restaurants und öffentliche Orte wie Kinos und Stadien, doch es ist ein wichtiges Signal.

Es gibt einige vernünftige Alternativen zu Altmachern in Petflaschen. Zum Beispiel den Ingwer-Minz-Drink: Eine Ingwerknolle schälen, mit Gurkenhobler dünn aufschneiden und mit Minzblättern am Stiel in eine Karaffe mit Wasser geben. Oder den Pfefferminz-Eistee: Einen Liter Pfefferminztee aufgießen, abkühlen lassen und eine Stunde in den Kühlschrank stellen. Ein paar Eiswürfel und Minzblätter am Stiel dazu, fertig.

Zucker kann sich in den unterschiedlichsten Lebensmitteln verstecken. Im Supermarkt konsequent am Regal mit den Schokodesserts vorbeizugehen und standhaft zu einem Becher Joghurt zu greifen ist nicht immer die Lösung. Auf der Verpackung wird damit geworben, dass das Produkt »light« und »fettarm« ist. Es entsteht der Eindruck, es wäre damit auch automatisch gesund und kalorienarm. Wer sieht schon so genau am kleingedruckten Etikett nach, wenn vorne in großer Schrift »light« draufsteht. Ich kenne einen Fasten-Joghurtdrink, der mehr als zehn Stück Würfelzucker enthält. Das ist nicht einmal Betrug, denn fettarm ist er wirklich und der Zuckergehalt ist auf der Rückseite korrekt ausgewiesen.

Zucker ist nicht nur unser Feind, weil er uns dick macht, sondern weil er uns in zu großer Menge alt macht. Er raubt uns die Lebensenergie. Haushaltszucker macht schlaff, müde, antriebslos, depressiv und krank. Menstruationsbeschwerden, Pilzbefall, Schlafstörungen, Nervosität und ein schlechtes Hautbild können die Folge von zu viel Zucker sein.

Da wir aber schon von Kindesbeinen an große Mengen Zucker im Essen gewöhnt sind, reagieren wir mit heftigen »Entzugserscheinungen«, wenn wir ihn von unserem Speiseplan streichen.

Vor zwei Jahren habe ich mich gemeinsam mit meiner besten Freundin und einem Kamerateam, das uns für eine Dokumentation begleitet und unterstützt hat, auf die Suche nach meinem Vater gemacht, den ich nie kennengelernt hatte. Ich fand ihn in Marokko. Für mich ein großer Moment mit einem Happyend.

In der Stadt am Meer, wo er lebt, erzählte er mir, dass er vor Kurzem noch wegen seiner Diabeteserkrankung im Koma gelegen war und er froh wäre, dass wir noch Gelegenheit hätten, uns kennenzulernen. Das hat mich nachdenklich gemacht. Denn in unserer überzuckerten Welt sind die Diabeteserkrankungen in den vergangenen zwanzig Jahren um mehr als das Siebenfache gestiegen. Diabetes fordert mittlerweile genauso viele Opfer wie HIV bzw. AIDS. Mehr als sieben Prozent aller Erwachsenen leiden inzwischen daran, die meisten sind es in Europa und Nordamerika, die stärksten Zunahmen gibt es in den Schwellen- und Entwicklungsländern. Das weist schon auf die Hauptgründe dafür hin: Übergewicht durch Junk Food, also Lebensmittel mit geringem Nährwert und hohem Fettanteil, kombiniert mit zu wenig Bewegung.

Wenn wir einfache Kohlenhydrate wie Zucker, polierten Reis oder weißes Mehl gemeinsam mit Fett essen, produziert unser Körper immer mehr von dem Hormon Insulin, das den Blutzuckerspiegel konstant halten soll. Essen wir zu viel Zucker, gerät das System durcheinander. Insulin öffnet die Körperzellen, damit der Zucker eindringen kann. Der Körper verbrennt das Fett in dieser Zeit nicht. Das macht uns dick. Dank des Insulins finden wir das Fett aus der Nahrung sofort auf unseren Hüften wieder.

Vitamin C und Lebensmittel mit den wichtigen Spurenelementen Chrom und Magnesium wirken dagegen und helfen, das Fett zu verbrennen. Darum sind Vollkorngetreide, Hülsenfrüchte, Gemüse, Nüsse und Pflaumen so wichtig für die Ernährung. Die Heißhungerattacken, die Insulin auslöst, fallen mit richtiger Ernährung ebenfalls aus. Als ich mich makrobiotisch ernährte, kannte ich solche Attacken überhaupt nicht.

Milchprodukte

Eine wichtige Rolle beim Jungbleiben spielt Eiweiß. Es ist der »Fatburner« schlechthin. Mit Eiweiß assoziieren wir zu allererst Milch und Milchprodukte.

Doch vieles vom guten Ruf der Milch ist von der Werbung gemacht und hält der medizinischen Forschung immer weniger stand. Milch hat einen hohen Fettgehalt, ist reich an gesättigten Fettsäuren, Cholesterin und Eiweiß, arm an Kohlenhydraten und frei von Faserstoffen. Sie ist dazu gemacht, ein zentnerschweres Kalb heranzuziehen. Unter Umständen reagiert der Körper darauf wie auf ein Allergen. Milch und Milchprodukte können der Auslöser sein für eine ständig verstopfte oder laufende Nase, Allergien oder Asthma. Auch ein aufgeblähter Bauch kommt oft davon.

Einer der größten sich immer noch haltenden Irrglauben besagt, dass Milch und Milchprodukte der Osteoporose vorbeugen. Dabei belegen Studien seit Langem, dass die niedrigsten Osteoporoseraten in den milchfreien Ländern zu finden sind. Es stimmt zwar, dass Milch viel Kalzium enthält. Doch Milch kreiert Säure im Blut, die der Körper mittels Kalzium erst wieder neutralisieren muss. Unter dem Strich ist die Kalziumbilanz von Milch negativ. Milch baut im

Körper mehr Kalzium ab, als sie ihm zuführt. Das heißt, dass Milch die Entstehung von Osteoporose fördert.

Milch bewirkt auch einige der unangenehmen Dinge, deretwegen wir uns alt fühlen, wenn wir sie an uns beobachten. Bei Erwachsenen kann zu viel Milch die Milz schwächen, die dafür zuständig ist, das Gewebe stark und straff zu halten. Das begünstigt blaue Flecken, Krampfadern und Cellulite.

> *Bekömmlichere und gesündere Kalziumquellen sind Sesamsamen, Nüsse, Blattgemüse, Hülsenfrüchte, Tempeh, Tofu und Algen. Zu ihnen anstatt zu Milch greife ich, wenn mein Körper Kalzium braucht.*

Auch ich bin mit dem Mythos von der gesunden Milch aufgewachsen. Ein »Flaschenkind«, das sich durch die ganze Milch- und Joghurtabteilung geschlemmt hat. Doch irgendwann habe ich festgestellt, dass ich, wie viele andere Menschen, an einer Laktoseintoleranz leide. Dieses Wort war mir bis vor einigen Jahren noch unbekannt. Inzwischen weiß ich, was es bedeutet. Laktose ist Milchzucker. Wer zu wenig von dem Enzym Laktase produziert, das Milchzucker spaltet, leidet an einer Milchzuckerunverträglichkeit oder eben Laktoseintoleranz. Es geht nicht nur um Kuhmilch. Die Milch aller Säugetiere enthält Laktose. Beim Genuss von Schafs- und Ziegenkäse ist deshalb die gleiche Vorsicht geboten. Im Englischen gibt es das Sprichwort: »I love cheese, but he doesn't love me back.«

Mit Milch, Käse und Joghurt verhält es sich wie mit dem falschen Liebhaber: Auch wenn wir ihn noch so lieben, sollten wir ihn lieber stehen lassen, wenn er uns nicht guttut.

Eiweiß ist nötig, auch um jung zu bleiben. Ohne Eiweiß können wir nicht abnehmen. Denn ohne Eiweiß bleibt das Fett auf unseren Hüften. Unser Körper kann es nicht verbrennen.

> *Die gesündesten Eiweißlieferanten sind Linsen und Erbsen, weiße Bohnen, Vollkornreis, Hirse, Hafer und Grünkern. Ich*

achte immer darauf, dass meine Speisekammer diesbezüglich gut ausgerüstet ist.

Ein wichtiger Eiweißstoff, der unseren Energiestoffwechsel steuert und den Fettverbrennungsapparat ankurbelt, ist Carnitin. Es transportiert das Fett in die Zellen zur Verbrennung. Ein Mangel an Carnitin im Blut lässt sich durch die Ernährung ausgleichen. Wir finden es in Meerestieren, Nüssen, Gemüse, Obst und auch im Fleisch.

Bei der Fettverbrennung mischt auch die essenzielle und schwefelhaltige Aminosäure Methionin mit. Sie ist ein Bestandteil des Muskeleiweißes und spielt bei der Gewichtsabnahme eine wichtige Rolle. Methionin macht uns leistungsstark und fördert unser Wohlbefinden. Da es vom Körper nicht selbst erzeugt werden kann, müssen wir es mit der Nahrung aufnehmen. Es steckt in Eigelb, Fisch, Geflügel, Fleisch und Sojaprodukten.

Der Kampf mit den Diäten

Ich arbeite nun schon seit Jahren in einer Branche, in der eine schlanke Figur und ein jugendliches Aussehen zum Handwerkszeug gehören. Gerade bei der Präsentation von Dessous und Bademoden können Models nichts verstecken. Es ist oft hart, sich einzuschränken, doch es gehört eben zum Beruf. Trotzdem warne ich vor Diäten. Wer sich zu einer entschließt, sollte sich zuvor im Spiegel betrachten und sich ein paar wichtige Fragen stellen. Bin ich wirklich übergewichtig? Brauche ich wirklich eine Diät? Es geht darum, objektiv, statt überkritisch zu sein. Vielleicht kommt die Unzufriedenheit mit dem eigenen Aussehen nur von unrealistischen Erwartungen. Junge Mädchen und bis zur Unkenntlichkeit operierte Schauspielerinnen sind wie gesagt die falschen Vorbilder.

Streben wir in Sachen Schönheit und Jugendlichkeit Ziele an, die erreichbar sind: Ich möchte eine Kleidergröße abnehmen.

Nicht fünfzehn Kilo. Ich möchte fünf Jahre jünger aussehen. Nicht zwanzig.

Diäten sind Modeerscheinungen geworden. Jedes Magazin und jeder Ratgeber im Fernsehen liefern vor allem im Frühling, vor Beginn der Badesaison, die anscheinend ultimative Diät. Mittlerweile hat sich eine ganze Industrie daraus entwickelt. Von den Diäten der Hollywoodstars bis zu ärztlich überwachten Ernährungsumstellungen und Hormonbehandlungen reicht die Palette. Je radikaler die Diätmaßnahme oder Kur, umso kritischer ist sie zu sehen.

Ich selbst mag keine abenteuerlichen Spritzenkuren oder Crash-Diäten. Ich komme lieber mit sanften, natürlichen Methoden und Disziplin ans Ziel, und das wirkt nachhaltiger als jede Turbodiät. Mir ist auch keine Modediät der vergangenen Jahre in Erinnerung, an deren Ende nicht bei allen, die sie versucht haben, eine neuerliche Gewichtszunahme stand.

Diät bedeutet Verzicht und Einschränkung. Doch führen wir dem Körper weniger Nährstoffe zu, schaltet er automatisch auf Notprogramm um. Es werden weniger Kalorien in Energie umgewandelt. Zuerst greift der Körper auf die Zuckervorräte in den Muskeln zurück, danach ist das Körpereiweiß dran. Die Fettdepots bleiben in der ersten Woche einer Diät völlig unberührt. Das Gewicht, das wir verlieren, ist nicht abgebautes Fett, sondern nur Wasser, das wir ausscheiden. Doch wie lange halten wir eine Diät durch, wenn die erhofften Erfolge nicht rasch sichtbar sind?

Die eigentliche Bedeutung des Wortes Diät ist »Lebensweise« oder »Lebensführung«. Ändern wir unsere Lebensweise langfristig, legen wir den Grundstein für Schönheit und Jugend.

Auch wenn es die jeweiligen Diätgurus gerne verschweigen, strenge Diäten schädigen die Gesundheit. Die Folgen von falschen und radikalen Maßnahmen sowie Langzeitdiäten und die daraus resultierende Mangelernährung können für den Körper katastrophal sein. Ich spreche hier nicht von der alljährlichen Bikinidiät, um die obligatorischen zwei, drei Kilo Winterspeck loszuwerden.

Es geht um dauerhafte, einseitige Ernährung und um eisernes Kalorienzählen.

Ich selbst hatte das Glück, während der heißen Phase meiner Modelkarriere solche Diäten nicht zu brauchen. Ich war von Natur aus eher zu klein und zu zart. Ich war mit den richtigen Schuhen am Set meistens knapp über 1,70 Meter groß und wog zwischen 45 und 50 Kilo. Dazu kam meine bewusste Ernährung, die ich mir wegen der beschriebenen roten Flecken früh angewöhnen musste. Erst seit ich über vierzig bin, muss ich an mein Gewicht denken. Ich habe aber immer wieder erlebt, wie sich Kolleginnen mit Methoden kasteit haben, die nichts anderes als Raubbau an ihrer Gesundheit waren.

Zuviel ist in jeder Richtung ungesund und nimmt uns Lebensqualität. Der Körper sagt uns ohnedies, wo das richtige Maß liegt. Ganz ehrlich, ich weiß es selbst, wenn ich über die Stränge geschlagen habe. Noch bevor der erste Pickel mein Gesicht heimsucht oder ich nicht mehr in meine Kleider passe. Um unseren Körper jung und schön zu erhalten, müssen wir ihn stärken. Mit Raubbau durch Crash-Diäten schwächen wir ihn.

Angestrengte Askese und dauerhafte Unterernährung machen schlank, aber nicht schön. Haut, Haare und unsere Ausstrahlung leiden, werden stumpf.

Meine unfreiwillige Dschungeldiät

Nachdem mich RTL über Jahre hinweg immer wieder gefragt hatte, ob ich nicht an der Sendung »Ich bin ein Star – Holt mich hier raus!« teilnehmen wolle, habe ich mich 2010 ganz bewusst entschieden, die Herausforderung anzunehmen. Ich sah die Reise auch als Selbsterfahrung und wollte die Plattform nutzen, mich mal ohne Glamour und High Heels einem breiten Publikum zu zeigen.

Als ich ins Australische Dschungelcamp einzog ahnte ich zwar, welche Extreme mir bevorstanden, aber wie ich mit Angst, Hunger und dem Zickenkrieg im Camp umgehen würde, wusste ich natürlich noch nicht. Bevor ich nach Australien reiste, engagierte ich deshalb einen Mentaltrainer und Coach, den Extremsportler Gerhard Gulewicz, der mir einige Techniken beibrachte und mich lehrte, keine Angst vor Tieren zu haben, die mir einfach nur fremd sind und die unsere westliche Gesellschaft als »schlecht« und »eklig« brandmarkt. Ich lernte jedes Tier als etwas Besonderes begreifen.

Es hätte mich dort im Dschungel härter treffen können. Ich hätte von den Zusehern auch dazu auserwählt werden können, irgendwelche kleinen und großen Tiere zu essen. Einer der Kandidaten, der zur Dschungelprüfung antrat und extrem ekliges Zeug essen musste, übergab sich direkt im Anschluss. Sein Körper konnte das nicht verarbeiten. Die Panzer der Kakerlaken lagen ihm im Magen, von dem anderen Zeug ganz zu schweigen. Aber Gott sei Dank blieben mir alle Würmer und Kakerlaken erspart, weil ich keine Dschungelprüfung zu absolvieren hatte, sondern nur eine aufregende Schatzsuche. Also keine Krabbeltiere – Glück gehabt!

Meine unfreiwillige Dschungeldiät hatte frappierende Ähnlichkeiten mit der Makrobiotik, die ich Jahre zuvor kennengelernt hatte. Wir Kandidaten hatten pro Tag ja nur eine Tasse Reis und eine Tasse Bohnen für zwölf Personen zur Verfügung. Die Mitstreiter wurden im Laufe der Staffel zwar immer weniger, aber in den ersten acht Tage mussten wir zu zwölft damit auskommen. Wir haben den Reis in zwei Portionen geteilt. Morgens die eine Hälfte, am Nachmittag die andere. Für den Abend war das Essen vorgesehen, das wir tagsüber bei Prüfungen erspielen konnten. Aber auch das war überschaubar.

Das heißt, dass wir in dieser Zeit komplett auf Salz, Zucker, chemische Zusatzstoffe und Milchprodukte verzichteten. Natürlich gab es auch keinen Kaffee und keine Gewürze.

Dieses radikale Entschlacken mit Reis und Bohnen hatte den Vorteil, dass es den Körper wirklich reinigte. Der so genannte Detox-Prozess ging nach kurzer Zeit so richtig los. Ich hatte nicht einmal Lust, die fünf Zigaretten zu rauchen, die mir zur Verfügung gestanden wären, und schenkte sie lieber den anderen Kandidaten.

Ab dem dritten Tag hatte ich mit Kopfschmerzen, Trägheit und Müdigkeit zu kämpfen und sah schlimm aus. Mein Körper baute die Giftstoffe ab und schied sie aus. Nach dem vierten Tag klärte sich meine Haut aber bereits wieder und der Reinigungsprozess war in vollem Gang.

Dazu kam allerdings, dass die Verdauung völlig durcheinander geriet. Natürlich schreckte mich am Anfang das primitive Plumpsklo ab. Über die sanitären Anlagen hatte ich nicht richtig nachgedacht. Ich hatte bloß gewusst, dass die Toilette abseits vom Lager irgendwo im Dschungel war. Als Tür diente ein Streifen Leinen, der auch noch ein Loch hatte und eingerissen war. Ein Gefühl der Privatsphäre und der Ruhe kam dort nicht auf. Dazu war auch noch eine Kamera darauf gerichtet, und die Begleitung, die wir mitnehmen mussten, stand direkt davor. Es war eine tägliche Überwindung. Alle hatten Hemmungen, doch irgendwann verloren wir sie und entwickelten einen natürlichen, selbstverständlichen Bezug dazu.

Nach der ersten Entgiftungsphase wurde es besser. Die ersten Erfolgserlebnisse stellten sich ein. Nach ein paar Tagen fühlte ich mich richtig entschlackt. Das hatte vielleicht auch mit dem vielen warmen Wasser zu tun, das wir im Camp abkochten und dann warm tranken, weil es kalt furchtbar schmeckte. Warmes Wasser ist sehr bekömmlich und schwemmt die Giftstoffe aus, diese Wirkung wird auch im Ayurveda genutzt.

Als die Prüfungen begannen, war die Essensration wie gesagt davon abhängig, wie viel wir erspielten. Es gab dann fallweise auch Gemüse, und wir hatten das Glück, dass Peer Kusmagk, der schließlich auch Dschungelkönig wurde, ein sehr guter, leidenschaftlicher Koch war. So kreativ wie er hat vor und nach ihm vermutlich niemand im Dschungelcamp gekocht. Er kam zum Beispiel auf die Idee, eine Süßkartoffel in Scheiben zu schneiden und anzubraten. Somit hatte jeder zwei, drei Chips. Das war lecker, weil es auch ohne Gewürze nach etwas schmeckte. Den Reis röstete er in der Pfanne an und goss ihn immer wieder mit wenig Wasser auf. Dadurch bekam er einen feinen Röstgeschmack, fast wie gewürzt.

Mein Geburtstagsgeschenk im Camp war ein kleiner Cupcake mit süßem Zuckerguss und leckerer Creme. Ich wollte ihn mit den anderen Kandidaten teilen, aber sie meinten, dass ich den Kuchen zu Ehren meines Geburtstages selber essen solle. Ich reichte ihn einmal herum und jeder nahm mit der Fingerspitze ein winziges Stück vom Zuckerguss. Nach der Phase der Entwöhnung war allein dieses Geschmackserlebnis für mich der reine Wahnsinn. Ich habe den Kuchen langsam und genussvoll über den ganzen Tag verteilt gegessen. Aufheben für den nächsten Tag war ja nicht erlaubt.

Was ich für mich aus dem Dschungel mitnahm, war die Rückbesinnung darauf, dass sich auch mit einfachen Zutaten und einer kreativen Zubereitung etwas Gesundes und Schmackhaftes zaubern lässt. Ich habe gelernt, weniger, und das Wenige dafür umso genussvoller zu essen. Und ich habe gelernt, an Röstkartoffeln so viel Geschmack zu finden, dass mir auch zwei Schnitzer davon reichen.

Für die älteren Mitstreiter im Dschungelcamp, die sich noch nicht mit Makrobiotik oder anderen Ernährungsfragen auseinandergesetzt hatten, war die Ernährungsumstellung schwer. Manch einem fehlte vielleicht auch der tägliche Alkohol. Viele, die sonst wie harte Kerle wirkten, brachen unter dieser Belastung zusammen. Ein weiterer Beweis dafür, dass Ernährung nicht bloß körperlich, sondern auch geistig alt oder jung machen kann. Allerdings waren die Zusammenbrüche verständlich. Bei normalen Entgiftungskuren ruhen die Patienten den ganzen Tag. Wenn sie gleichzeitig auch noch Höchstleistungen erbringen müssen und mit ihren Ängsten konfrontiert werden, drehen sie schnell mal durch.

Ich habe weder vor dem Dschungelcamp noch danach je richtig gefastet. Einmal eine ganze Woche aufs Essen zu verzichten, das ist eine Erfahrung, die ich noch nie gemacht habe. Ich traue mir das auch nicht wirklich zu. Ich brauche Essen. Vor dem Einzug ins Camp habe ich mir Sorgen darüber gemacht, was passieren würde, wenn ich Hunger bekäme. Wie ich damit umgehen würde, wenn ich keine Lebensmittelreserven hätte. Zu wissen, dass ich nichts zu essen im Kühlschrank habe, geht im Alltag bei mir gar nicht.

Im Camp hatte ich wider Erwarten trotzdem kein einziges Mal Hunger und nie Panik. Es war immer klar, dass es etwas zu essen geben würde, nur eben wenig, und mein Körper stellte sich erstaunlich rasch auf die geringen Mengen ein. Alles eine Frage der Erwartungshaltung.

Als ich das Camp verlassen musste, ging es wieder zurück in die Zivilisation. Ich kam völlig entwöhnt aus dem Dschungel zurück ins pralle Leben. Am Hafen neben dem Hotel gab es eine Shoppingmall mit Restaurants. Da gab es ein kleines Lokal, einen Naturkostladen mit frischen Säften und Health Food. Am Tag vor der Abreise in den Dschungel war ich noch in diesem Lokal gewesen und hatte einen bestimmten Saft getrunken, frisch gepresster Karottensaft mit Ingwer, Apfel und Orange. Ich werde den Geschmack dieses Saftes nie mehr vergessen.

Ich hatte im Dschungel sieben Kilo verloren und wog nur noch neunundvierzig Kilo. Das verlorene Gewicht nahm ich nicht nur recht schnell wieder zu, ich bekam danach echte Gewichtsprobleme. Nach einem Jahr hatte ich fast sechzig Kilo. Das war eine Marke, die ich noch nie überschritten hatte. Die Crash-Diät aus dem Dschungel war sicher einer der Faktoren dafür.

Nahrung als Apotheke, Beautysalon und Wellnesstempel

Lebensmittel können wie eine Apotheke, ein Beautysalon und ein Wellnesstempel in einem sein. Es gilt nur zu wissen, was drin ist, und die Inhaltsstoffe entsprechend zu kombinieren. Dann gehört nur noch der Spaß bei der Zubereitung dazu, denn die hat meiner Erfahrung nach Einfluss auf die Bekömmlichkeit. Schon Hippokrates sagte: »Eure Nahrungsmittel sollen eure Heilmittel sein, und eure Heilmittel sollen eure Nahrungsmittel sein.«

Fertigprodukte, Fast Food, weißer Zucker und weißes Mehl sind nicht der richtige Treibstoff für unseren Körper. Sie schwächen ihn durch einen Mangel an Vitalstoffen und bringen den Stoffwechsel aus dem Gleichgewicht.

Die richtige Auswahl der Lebensmittel bringt uns ohne Hungern und Verzicht ans gewünschte Ziel. Wir müssen nur wissen, was unserem Körper guttut. Die Auswahl an wertvollen Nahrungsmitteln ist so groß, dass wir nach Lust und Laune zusammenstellen können, was uns schmeckt. Einige Beispiele aus meiner Anti-Aging-Küche:

Superfoods

Lebensmittel, die über einen besonders hohen und konzentrierten Anteil an wertvollen Inhaltsstoffen verfügen, heißen Superfoods. Es handelt sich um verschiedene Samen und Früchte, die als Nahrungsergänzung Körper und Geist jung halten.

Die Gojibeere. Sie verzögert den Alterungsprozess, indem sie stark antioxidativ, also zellschützend wirkt, dreimal mehr Vitamin C als Orangen und 21 wichtige Mineralien enthält, inklusive dem seltenen Mineralstoff Germanium, der Krebs vorbeugt. Ich gehe später noch näher auf diese Wunderbeere ein.

Das Pulver der peruanischen Maca-Wurzel. Es baut Stress ab, fördert die Fruchtbarkeit, steigert die Leistung und hilft bei Hormonschwankungen, Schlafstörungen und Menstruationsbeschwerden.

Gerstengraspulver. Es beinhaltet neben verschiedenen Vitaminen, Mineralstoffen und Spurenelementen viele Enzyme und Chlorophyll. Damit erhöht es die Widerstandskraft unseres Organismus gegen Radioaktivität und hilft dem Körper bei der Ausscheidung von Giftstoffen und Schwermetallen.

Roher Kakao. Er ist ebenfalls außerordentlich reich an Antioxidantien, von denen er dreißig Mal mehr als grüner Tee hat. Außerdem enthält er Kalzium und Magnesium. Er hellt die Stimmung auf und enthält auch noch Arginin, das durch seine potenzsteigernde Wirkung auch als »Viagra der Natur« gilt.

Noni-Saft. Er enthält mehr als hundert Vitamine und Mineralstoffe, Enzyme und Aminosäuren. Am besten trinken wir ihn pur in der Früh oder auch als Zugabe zu einem frisch gepressten Obstsaft auf nüchternen Magen. Die ideale tägliche Ration liegt bei etwa dreißig Milliliter.

Die Acai-Beere. Sie ist eine reiche Quelle an Omega-3-Fettsäuren, Mineralstoffen und Aminosäuren. Die kleine Beere aus Südamerika hat mittlerweile auch Hollywood erobert und ist das perfekte Anti-Aging-Mittel. Die enthaltenen Anthocyane haben eine stark gefäßschützende, entzündungshemmende und antioxidative Wirkung. Sie schützen unsere Körperzellen vor aggressiven freien Radikalen, körpereigenen Stoffwechselabfällen und Giften und wirken sich positiv auf die Sehkraft aus.

Chia-Samen. Sie sind wahre Energiebündel voll von Ballaststoffen, wertvollem Eiweiß und Omega-3-Fettsäuren, Vitaminen und Antioxidantien. Sie steigern die Kraft und Ausdauer und wirken darmreinigend.

Aus den Superfoods lässt sich ein Drink zubereiten, der seine stärkste Wirkung entfaltet, wenn ich ihn vor dem Frühstück einnehme:

1 kleines Glas Kokoswasser oder Vollkornreismilch
1 TL Macapulver
1–2 EL Chiasamen
1 TL Gerstengraspulver
1 TL Acaibeerenpulver
1 TL rohes Kakaopulver
1 TL Gojibeeren
1 kleine Hand voll Heidelbeeren
Alle Zutaten in den Mixer geben, pürieren, fertig!

Jugend und Schönheit aus der Küche

Vollkorngetreide. Vollkorngetreide wie Reis, Gerste, Hafer, Dinkel, Quinoa, Hirse, Roggen, Amaranth, Mais, Buchweizen und so weiter sind ein wahrer Jungbrunnen für den Körper, weil sie wichtige Mineralstoffe, Vitamine, Ballaststoffe und komplexe Kohlenhydrate liefern. Nur Wenige wissen, dass Vollkorngetreide, gut gekaut, auch gleichmäßige und lang anhaltende Energie abgibt, indem es den Blutzuckerspiegel konstant hält und das Gehirn nährt.

> *Ich versuche, wenigstens eine Schüssel Vollkorngetreide pro Tag in meinen Speiseplaneinzubeziehen. Das bringt mentale Stärke und körperliche Ausdauer mit sich.*

Dass ein Getreidekorn tausend Jahre überleben kann, macht seine Stärke deutlich. Welches andere Lebensmittel bleibt so lange frisch? Außerdem hat jede Getreideart eine speziell positive Wirkung auf ein oder mehrere Organe. Gerste ist ein Lebertonikum und verschönert die Haut. Hirse wirkt mit ihrem leicht basischen Effekt gut auf Milz, Magen und Bauchspeicheldrüse und zentriert und beruhigt den ganzen Körper. Zudem ist sie hilfreich für Menschen, die unter Heißhungerattacken und Diabetes leiden. Reis stärkt die Lungen und den Dickdarm und scheidet angesammelte Giftstoffe aus.

> *Das weiße, raffinierte Mehl und den weißen Reis möglichst oft durch das volle Korn zu ersetzen, ist eine meiner wichtigsten Maßnahmen, um mich jung zu erhalten.*

Hirse. Sie ist das mineralstoffreichste und wahrscheinlich älteste Getreide der Welt. Neben einem hohen Eisengehalt zeichnet sich Hirse durch sehr viel Kieselsäure aus. Kieselsäure ist ein wichtiges Spurenelement für das Bindegewebe. Es strafft die Haut. Kieselsäure sorgt außerdem für Haare voller Glanz. Eisenmangel ist häufig Ursache für brüchige Fingernägel und diffusen Haarausfall.

Hülsenfrüchte. Sie sind die eiweißreichsten Lebensmittel und waren lange Zeit eines der Hauptnahrungsmittel der Menschen. Sie enthalten wertvolle Vitamine, Ballaststoffe und fast kein Fett. Sie können mithelfen, die Blutfettwerte zu senken. Hülsenfrüchte werden langsam verdaut und halten so den Blutzuckerspiegel konstant. Das enthaltene Vitamin E unterstützt das Insulin bei seiner Arbeit. Hülsenfrüchte enthalten mehr Eisen als Fleisch, und ihr Kaliumreichtum hat positive Auswirkungen auf ernährungsbedingten Bluthochdruck.

Ingwer. Er gehört zu den wirksamsten Heilpflanzen der Naturmedizin. Ingwer stärkt das Immunsystem und bekämpft Erkältungen und Atemwegserkrankungen. Er wirkt schmerzlindernd von Kopfweh bis zu Menstruationsschmerzen und fördert die Durchblutung. Ingwer lindert Magen- und Darmbeschwerden, durch die galltreibende Wirkung werden Krämpfe und Blähungen gelöst. Er hat blutverdünnende und antioxidative Eigenschaften und entgiftet den Körper. Und nicht zu vergessen: Ich liebe seinen Geschmack.

Frische Kräuter. Allgemein gilt, dass frische Kräuter mit ihren Vitalstoffen, ihren ätherischen Ölen und ihren Biostoffen entzündungshemmend und klärend auf die Haut wirken.

Petersilie. Sie enthält sehr viel Vitamin A, C und E, was sich positiv auf die Immunabwehr auswirkt. Weitere Inhaltstoffe sind Cumarine, Flavonoide, Phthalide. Sie wirkt Wunder gegen die Frühjahrsmüdigkeit und senkt den Blutdruck. Das enthaltene Beta Carotin neutralisiert aggressive Substanzen im Körper. Mangan unterstützt die Entgiftungsarbeit der Leber. Petersilie lindert Menstruationsbeschwerden, Blähungen und Verstopfung. Außerdem wird ihr eine potenzsteigernde Wirkung nachgesagt.

Schnittlauch. Er enthält Senföle, die Galle und Leber bei der Verdauung unterstützen. In 100 Gramm Schnittlauch sind 60 Milligramm Vitamin C enthalten – das unterstützt die Abwehrkräfte und hilft gegen Stress. Vor allem für die Kollagenfasern dicht unter der Haut im Bindegewebe ist die Zufuhr von Vitamin C sehr wichtig, denn sie verhindert frühzeitige Faltenbildung. Der hohe Eisenanteil im Schnittlauch ist gut für die Blutbildung. Die zahlreich enthaltenen Mineralien und Saponine verbessern den Allgemeinzustand, vertreiben Müdigkeit und Abgespanntheit.

Basilikum. Die wertvollen Inhaltsstoffe des Basilikum, wie die Ätherischen Öle Cineol, Menthol, Thymol und Kampfer, sowie die Gerbstoffe Saponine, Flavonoide und Beta-Sitosterol sorgen in der Anti-Aging-Küche für den Kampf gegen die gefährlichen freien Radikale. Basilikum hilft bei der Zellerneuerung, ist antibakteriell und wirkt Wechselbeschwerden entgegen. Bei regelmäßigem Verzehr kann es entwässernd wirken.

Walnüsse. Schon mit ihrer Form zeigen sie, wofür sie gut sind: Ihr Genuss wirkt sich positiv auf die Leistungsfähigkeit des Gehirns aus und verbessert das Gedächtnis. Wichtige Vitamine wie A, C und E sowie Mineralstoffe wie Zink, Eisen, Magnesium und Kalium stecken in den Nüssen. Ungesättigte Fettsäuren und Eiweiß runden die Inhaltsstoffe ab. Sie senken den Cholesterin- und Blutfettspiegel und damit das Herzinfarktrisiko. Walnüsse sind ein gesunder Snack für zwischendurch oder vor dem Fernseher. Mir schmecken sie auch auf Salaten.

Cashew. In kaum einem anderen Lebensmittel ist der Anteil an der essenziellen Aminosäure Tryptophan derart hoch wie in Cashewnüssen. Tryptophan ist ein unerlässlicher Nährstoff bei der Produktion des Glückshormons Serotonin. Daneben finden sich in Cashewnüssen die Mineralien Kalzium, Magnesium, Eisen, Kupfer und Phosphor. Cashewnüsse enthalten Vitamin B1, Vitamin B3 und Vitamin B5. Diese drei Vitamine spielen für den Körper bei der Verwertung von Kohlenhydraten und Eiweiß eine wichtige Rolle.

Süßkartoffeln. Sie sind vollgepackt mit Vitalstoffen. Mineralien, Vitamine, Ballaststoffe, sekundäre Pflanzenstoffe und Antioxidantien machen sie zur Nährstoffbombe. Der Carotingehalt der Süßkartoffeln wirkt auf die Gesundheit der Augen. Sie sind die reichste Vitamin-E-Quelle unter den fettarmen Nahrungsmitteln, was sich positiv auf die Haut und das Herz auswirkt. Sie regulieren den Cholesterin- und Blutzuckerspiegel. Die Süßkartoffel schmeckt nicht nur herrlich, sie ist für eine gesunde Ernährung unentbehrlich.

Tomaten. Der Wirkstoff Lycopin ist das Gesundheits- und Schönheitsgeheimnis der Tomate: ein Pflanzenfarbstoff und der beste Radikalenfänger, den wir kennen. Er hilft dem Immunsystem bei der Abwehr schädlicher Substanzen, wie zum Beispiel dem Nikotin oder den giftigen Umweltschadstoffen in unserer Luft – beide greifen die Haut an und sorgen für eine frühzeitige Hautalterung. Am wirkungsvollsten sind Tomaten übrigens, wenn wir sie erhitzen..

Avocado. Durch die reichlich enthaltenen B-Vitamine und das Lecithin gibt sie dem Gehirn Kraft und stärkt die Nerven. Schon die Azteken schworen darauf. Sie enthält Folsäure, Kalium, Magnesium, Eisen und Kupfer. Der hohe Fettgehalt der Avocado macht sie besonders wertvoll. Die Avocadofette sind ungesättigte Fettsäuren, sie senken den Cholesterinspiegel und beugen in Verbindung mit Vitamin B6 Herz-Kreislauf-Erkrankungen vor. Das enthaltene Vitamin E bremst den Alterungsprozess der Haut und schützt vor den gefürchteten Hautflecken. Die Avocadofrucht enthält auch Vitamin D, das wichtig für die Gesundheit unserer Zähne ist. Der enthaltene Vitalstoff Biotin sorgt für einen strahlenden Teint.

Curry. Es wird bei uns vor allem als Gewürzmischung verwendet, doch auch auf die Gesundheit wirken sich einzelne Bestandteile positiv aus. Die Mischungen beinhalten unter anderem: Kurkuma, Chilischoten, Ingwer, Curryblätter, Anissamen, Kardamom, Kreuzkümmel, Piment, schwarzer Pfeffer, sowie Tamarinde und Zimt.

Diese Gewürze haben verschiedenste Heilwirkungen. Die Mischung führt nicht nur die Aromen zusammen, sondern auch die positiven, heilenden Eigenschaften. Der regelmäßige Genuss von Currymischgewürzen beugt diversen Zivilisationskrankheiten vor, wirkt entzündungshemmend und senkt den Cholesterinspiegel.

Kurkuma. Er unterstützt die Entgiftung des Körpers und enthält unter anderem das als leberschützendes Antioxidans geltende Kurkumin. Er senkt den Cholesterinspiegel und verbessert die Eiweiß- und Fettverbrennung, außerdem wirkt er gegen Verdauungsstörungen und Blähungen. Und er bringt exotische Würze in jede Speise.

Poweröle. Essenzielle Fettsäuren sind unentbehrlich für unseren Körper. Sie sind am Aufbau von Zellmembranen beteiligt. Wir nehmen sie durch Öle oder Fette auf. Wertvoll sind kalt gepresste, möglichst native Öle, die bei der Verarbeitung nicht erhitzt wurden. Ich denke an Avocadoöl, Aprikosenkernöl, Olivenöl, Distelöl, Sesamöl, Haselnussöl, Hanföl und an das Hagebuttenkernöl. Diese Öle sind wunderbar geeignet, die Haut zu verjüngen, zu heilen und Narben zu reparieren. Außerdem halten sie die Talgproduktion der Haut in Balance.

Arganöl. Es ist eines meiner liebsten Öle und das absolute Beauty- und Anti-Aging-Öl. Mit etwa 650 Milligramm pro Kilogramm enthält das sogenannte »Gold Marokkos« fast doppelt so viel Vitamin E wie Olivenöl und ist damit eine wahre Kraftquelle für das Immunsystem. Zu seinen wertvollen Inhaltsstoffen zählen essenzielle Fettsäuren wie z. B. Linolsäure und Oleinsäure, Stereole und natürliche Antioxidantien, die die Gesundheit unterstützen. Zusätzlich ist der Anteil der ungesättigten Fettsäuren beim Arganöl mit achtzig Prozent außergewöhnlich hoch.

ANTI-AGING-KOCHREZEPTE

Gemüse nach Nishime-Art

(Gemüse fast ohne Wasser, im eigenen Saft geschmort)

Ein Wohlfühl-Gemüsegericht, das Bauchspeicheldrüse, Milz und Magen stärkt und einen chaotischen Geist beruhigt. Dieser Kochstil macht das Gemüse extrem süß und weich wie Butter. Aufgrund seiner entspannenden Wirkung wird das Gericht am besten abends gegessen.

Zutaten für 2 Portionen:
¼ Tasse Rettich
¼ Tasse Kraut
¼ Tasse Süßkartoffeln
¼ Tasse Zwiebel
4 cm der Kombualge
Ein paar Tropfen Shoyu-Sojasoße
½ Prise Meersalz
Ein klein wenig Wasser

Das Gemüse in große Stücke schneiden. Den Kombu in einen Topf mit schwerem Deckel legen, dann die Gemüsesorten darüberschichten und ca. 1 cm Wasser zugeben. Salzkörner darüberstreuen, Topf schließen und zum Kochen bringen. Sofort auf kleinste Hitze stellen und Gemüse ca. 15–20 Minuten köcheln lassen, bis das Gemüse weich ist. Eventuell während dem Kochen etwas Wasser zugeben. Vor dem Servieren Shoyu-Sojasoße über das Gemüse verteilen.

Rettich-Frühlingszwiebel-Salat

Rettich, Frühlingszwiebel und Zitrone sorgen für eine entspannte Leber und klare, strahlende Augen und wirken gegen Verstopfung. Petersilie ist voll von nützlichem Eisen und gibt den Lippen eine gesunde rote Farbe.

Zutaten für 3–4 Portionen:
½ Tasse Karotte in Streichholzform geschnitten
2 Tassen weißer Rettich in Streichholzform geschnitten
6 dünn gehackte Frühlingszwiebel
3 EL gehackte Petersilie
Eine Prise Meersalz
Dressing:
2 EL Umesuessig (erhältlich im Biosupermarkt oder im Reformhaus)
1 EL brauner Reisessig
1 Zitrone (Saft)
1 EL Dijonsenf
2 EL geröstetes Sesamöl
2 TL Reissirup
½ TL Sojasoße

Wasser in einem Topf zum Kochen bringen. Eine Prise Meersalz zugeben und die Karotte darin 30 Sekunden blanchieren. Herausnehmen und den Rettich 1 Minute lang blanchieren. In einer Salatschüssel Rettich, Karotte, Frühlingszwiebel und Petersilie zusammenmischen.
Für das Dressing alle Zutaten gut verrühren und über den Salat träufeln.

Bitterer grüner Salat mit Grapefruitdressing

Dieser Salat ist nicht nur leberstärkend, reich an Eisen, Vitamin E, Pantothensäure und herzfreundlichen Fetten, durch die Inhaltsstoffe der Grapefruit enthält er auch eine den Alterungsprozess bremsende Wirkung.

Zutaten für 3–4 Portionen:
4 Tassen gemischtes, bitteres, grünes Gemüse (Löwenzahn, Rucola, Brunnenkresse, Endiviensalat) in mundgerechte Stücke gezupft
2 pinke Grapefruits geschält und filetiert
½ Tasse Mandelsplitter
10 entkernte und halbierte schwarze Oliven
Dressing:
4 EL Olivenöl
2 EL frischer Orangensaft
1 TL Orangenschale
1 TL Apfelessig
1 TL brauner Reisessig
Meersalz und schwarzer Pfeffer

Salat, Grapefruit, Oliven und Mandeln mischen. Dressingzutaten miteinander verrühren und kurz vor dem Servieren über die Salatmischung verteilen.

Natto-Würzmittel (zu Reis servieren)

Natto ist eine nährstoffreiche Würze aus fermentierten Sojabohnen mit einer besonders verdauungsunterstützenden Wirkung. Zusätzlich wirkt es blutreinigend und kräftigend, beugt Arterienverkalkung vor, hilft bei zu hohem Blutdruck und stärkt die Libido. Die etwas gewöhnungsbedürftige Konsistenz entsteht durch den Fermentationsprozess der Sojabohnen. Frauen in Japan wissen, dass sie mit Natto bei Bedarf die sexuelle Lust ihres Partners steigern können. Natto ist in asiatischen Supermärkten gefroren in kleinen Päckchen erhältlich.

Für 2–3 Portionen:
1 Packung Natto mit einem halben Teelöffel Shoyu-Sojasoße, einem viertel Teelöffel Dijonsenf und einer kleingehackten Frühlingszwiebel mischen und mit Holzstäbchen kräftig verrühren. Durch das Rühren werden die wertvollen Enzyme aktiv. 1 TL Natto pro Mahlzeit ist ausreichend.

Azukibohnen mit Hokkaidokürbis

Die Kombination von Azukibohnen und Hokkaidokürbis stärkt die Nieren und hat eine allgemein entspannende Wirkung. Azukibohnen sind die VIPs unter den Bohnen, da sie fettarm, reich an Kalium, Eiweiß und Mineralstoffen und gut für den Darm sind. Außerdem wirken sie gegen geschwollene Tränensäcke. Hokkaidokürbis enthält wertvolles Karotin, Vitamin A, B1, B2, B6, C und E, Folsäure, Magnesium, Eisen und Phosphor.

100 g Bohnen in eine Schüssel geben und 5 cm hoch mit Wasser bedecken. Über Nacht einweichen. Einweichwasser wegschütten. Die Bohnen in einen Topf geben und so viel frisches Wasser dazugeben, dass die Bohnen gerade bedeckt sind. Zum Kochen bringen und den aufsteigenden Schaum abschöpfen. Nach fünf Minuten den Topf zudecken und bei niedriger Hitze vierzig Minuten köcheln lassen. Dazwischen eventuell Wasser zugeben, wenn das Wasser tiefer als die Bohnen steht. Nach vierzig Minuten 150 g ungeschälten und in große Stücke geschnittenen Hokkaidokürbis auf die Bohnen legen und mehr Wasser hinzufügen, um den Kürbis zu bedecken. Zwanzig Minuten weiterkochen, mit ½ Teelöffel Shoyu-Sojasoße würzen und 1–2 Minuten ziehen lassen. Mit gehackter, frischer Petersilie garnieren.

Aramesalat

Durch ihren hohen Kalziumgehalt stärkt die Aramealge Zähne und Knochen, wirkt heilend
auf die weiblichen Sexualorgane und senkt den Cholesterinspiegel. Sie verhilft zu einem strahlenden Teint, kräftigen Nägeln und glänzenden Haaren.

Zutaten für 2 Portionen:
1 EL Sesamöl
14 g Arame in 480 ml Wasser eingeweicht
1 gehackte Knoblauchzehe
60 g Zwiebel in dünne Halbmonde geschnitten
60 g Karotte in Streichholzform geschnitten
120 ml Wasser
2 EL Maiskörner
1 EL Sojasoße
Meersalz und schwarzer Pfeffer
Gehackte Petersilie

Sesamöl in einer Pfanne erhitzen und Arame für 1–2 Minuten anbraten. Knoblauch und Zwiebel zugeben und weitere 2 Minuten braten. Dann die Karotte hinzufügen und nochmals 1–2 Minuten mitbraten. Mit etwas Wasser aufgießen und auf mittlerer Stufe ca. 7 Minuten köcheln lassen, bis die Arame weich ist. Mit Sojasoße, Meersalz und Pfeffer würzen und mit Petersilie garnieren.

Gerstensuppe

Gerste entschlackt, indem sie dabei hilft, angesammeltes tierisches Eiweiß auszuscheiden. Sie macht die Haut schön und weich und wirkt positiv auf die Leber. Die Shiitakepilze in der Suppe scheiden überschüssiges Salz und Cholesterin aus und wirken blutdrucksenkend. Rettich reinigt den Körper von alten, abgelagerten Fetten.

Zutaten für 4 Portionen:
4 Tassen Wasser
1 ½ Tassen Gerste
5 cm Kombu
4 Shiitakepilze getrocknet
½ Tasse getrockneter Rettich eingeweicht und zerkleinert
½ Tasse frischer Rettich in Mundgerechte Stücke geschnitten
¼ Tasse Karotten in dicke Scheiben geschnitten
3 EL Reismiso in etwas Wasser aufgelöst
2 EL Frühlingszwiebel fein geschnitten

Alle Zutaten bis auf das Miso und die Frühlingszwiebel in einen Schnellkochtopf geben und 40 Minuten auf niedriger Stufe kochen. Aufgelöstes Reismiso einrühren und ein paar Minuten ziehen lassen. Mit Frühlingszwiebel garnieren und servieren.

Wakamesuppe mit Zuckerschoten und Ingwer

Wakamealge ist besonders reich an Kalzium, Eisen, Niacin, den Vitaminen A und C, Vitamin B12 und Eiweiß. Sie kräftigt Haare, Nägel, Haut und Leber, hat eine antibakterielle Wirkung und wird auch nach einer Geburt zur Stärkung empfohlen.

Zutaten für 2 Portionen:
1 EL instant Wakameflocken
480 ml Wasser
30 g Zwiebel in Halbmonde geschnitten
30 g Zuckerschoten diagonal durchgeschnitten
40 g Maiskörner
2 TL Shoyu-Sojasoße
½ TL geriebener Ingwer
Eine Handvoll Brunnenkresse oder Schnittlauch gehackt

Das Wasser in einem Topf zum Kochen bringen und die Zwiebel 5 Minuten kochen. Die Zuckerschoten und den Mais dazugeben und weitere 5 Minuten kochen. Wakame und Shoyu zugeben und 3 Minuten ziehen lassen. Am Schluss den geriebenen Ingwer auspressen und in die Suppe träufeln. Mit Brunnenkresse servieren.

Nori im Teigrock

Die Norialge hat einen enorm hohen Karotin- und Eiweißgehalt. Sie senkt den Cholesterinspiegel und stärkt die Zähne und Knochen. Der geriebene Rettich unterstützt die Fettverdauung.

Zutaten für 2 Portionen:
2 Noriblätter in Visitkartenform geschnitten
1 kleine Schüssel Dinkelfeinmehl
1–2 TL Kuzu oder Pfeilwurzelmehl
1 kleine Schüssel Wasser
1 Prise Meersalz
Sonnenblumenöl zum Frittieren
Etwas geriebener Rettich
Shoyu-Sojasoße
Brauner Reisessig (auch Genmaisu genannt)

Das Mehl mit dem Wasser und dem Salz kurz verquirlen. Topf mindestens 5 cm hoch mit Sonnenblumenöl befüllen und erhitzen. Temperaturprobe: Ein Holzstäbchen in das heiße Öl stecken, wenn sich darum Bläschen bilden, stimmt die Frittiertemperatur. Nori mit einem Ende kurz in die Mehlmischung tauchen und vorsichtig ins heiße Öl geben. Ca. 1 Minute frittieren. Für ein Dressing zu gleichen Teilen Shoyu-Sojasoße mit dem Reisessig mischen. Knuspriges Nori mit dem Rettich und dem Dressing in separaten Schüsseln servieren.

Gedünstete Karotten mit Karottengrün

Wurzelgemüse stärkt die Verdauung und gibt Halt im Leben. Das Karottengrün reinigt den Darm. Dieses Rezept funktioniert auch gut mit Rettich oder Radieschenblättern.

Zutaten für 4 Portionen:
3 EL Olivenöl
2 EL Balsamicoessig
1 TL Meersalz
3 große Karotten mit Blättern
2 EL frischer Zitronensaft

Öl, Essig und Meersalz in eine Pfanne geben und verrühren. Karotten in 1,5 cm starke Stücke schneiden und in die Pfanne legen. Deckel daraufgeben und erhitzen. Auf kleinste Hitze zurückschalten und die Karotten 15–20 Minuten lang weich kochen. Karottengrün klein hacken, hineinrühren und mit dem Deckel darauf weitere 5 Minuten köcheln lassen. Zitronensaft dazugeben und gut vermischen.

Italienischer Kohl

Kohl ist voll von Antioxidantien, Ballaststoffen und Chlorophyll. Er ist ein Schönheitsmittel für Haut und Haare.

Zutaten für 4 Portionen:
Olivenöl
2 Knoblauchzehen dünn geschnitten
½ roter Zwiebel in Halbmonde geschnitten
Meersalz
Schwarzer Pfeffer
2 Tomaten dünn geschnitten
1 Kohlkopf geschnitten

Ein wenig Öl, den Knoblauch und die Zwiebel in eine Pfanne geben und erhitzen. Wenn die Zwiebel zu zischen beginnt, eine Prise Meersalz und den Pfeffer dazugeben. Für 2–3 Minuten anbraten, dann die Tomaten und noch eine Prise Meersalz dazugeben. Ca. 3 Minuten weiterbraten. Den Kohl mit einer weiteren Prise Meersalz zugeben, umrühren und ein paar Minuten fertigbraten. Der Kohl sollte noch bissfest sein.

Frühlingszwiebel-Shoyu-Suppe

Die Wurzeln der Frühlingszwiebel reinigen die Eierstöcke. Kombu, Shiitake und Shoyu reinigen und stärken das Blut. Diese Suppe ist gut bei Müdigkeit und um sich leicht zu fühlen.

Zutaten für 2 Portionen:
Kombu, in 6 briefmarkengroße Stücke gebrochen
2 getrocknete Shiitake Pilze
720 ml Wasser
50 g Frühlingszwiebel inkl. Wurzeln in 4cm große Stücke geschnitten
50 g Sprossen
1 EL Shoyu-Sojasoße
Meersalz

Den Kombu und die Shiitake mit dem Wasser in einem Topf 30 Minuten einweichen. Die Shiitake herausnehmen, den Stängel entfernen und den Rest dünn schneiden. Wieder in den Topf geben. Die Sprossen und die Frühlingszwiebel zugeben und zum Kochen bringen. Für 5–10 Minuten kochen lassen. Shoyu und Meersalz nach Bedarf zugeben.

Gekochter Salat mit Kürbiskerndressing

Auf diese Weise gekochtes Gemüse enthält viel Vitamin C und D, Folsäure und Magnesium, da seine Mineralstoffe nicht im Kochwasser zurückbleiben. Es wirkt gegen Falten und stärkt die roten Blutkörperchen. Kürbiskerne enthalten sehr viel Eisen und schützen den Darm vor Würmern.

Zutaten für 2 Portionen:
1 Salzkorn
Gemüse frei wählbar: Rote Zwiebel, Kraut, Chinakohl, Rotkohl, Radieschen, Radieschenblätter, Rettich, Karotten, Porree, Wirsing, Bok Choy, Mangold etc.
Kürbiskerndressing:
1 Tasse geröstete Kürbiskerne
1 ½ EL Umesu (Umeboshiessig)
1–2 Tassen Wasser

Gemüse in kleine Stücke schneiden. Einen Topf mit Wasser zum Kochen bringen. Salzkorn hinzufügen (ein Salzkorn klingt wenig, bewirkt aber, dass die Inhaltsstoffe im Gemüse bleiben und der Eigengeschmack des Gemüses stärker hervortritt). Eine Sorte Gemüse ins Wasser geben und sofort die Hitze abschalten. Für eine Minute im Wasser ziehen lassen. Herausnehmen und Wasser für das nächste Gemüse wieder zum Kochen bringen.
Kürbiskerne in einem Mixer fein mahlen. Umesu und Wasser nach und nach zugeben, bis ein cremiges Dressing entsteht.

Lotuswurzel-Hijiki-Gemüse

Lotuswurzel reinigt und hilft hartnäckigen Schleim (bei Husten und Nebenhöhlenproblemen) aus dem Körper auszuscheiden. Hijikialge hat einen sehr hohen Gehalt an Eisen und Kalzium, stärkt dadurch die Knochen und macht die Haare stark und glänzend.

Zutaten für 2 Portionen:
12 g Hijiki
360 ml Wasser
1 TL Sesamöl
40 g frische Lotuswurzel (erhältlich im asiatischen Supermarkt) in dünne Halbmonde geschnitten
40 g Karotte in dünne Scheiben geschnitten
Shoyu-Sojasoße

Die Hijiki in 240 ml Wasser 30 Minuten einweichen. Wasser wegschütten. Öl in einer Pfanne erhitzen und Hijiki für 3 Minuten anbraten. Lotuswurzel und Karotte zugeben und für weitere 3 Minuten braten. Mit 120 ml Wasser aufgießen und kochen, bis die Flüssigkeit fast verschwunden ist. Mit Shoyu nach Bedarf würzen.

Schwarze Sojabohnen mit Maroni

Schwarze Sojabohnen stärken die Nieren und somit die Lebensenergie. Kuzu gleicht ein Übermaß an Zucker aus, hilft gegen Müdigkeit, stärkt die Verdauung und das Blut. Maroni sind fettarm und eine gesunde Eiweißquelle.

Zutaten für 3–4 Portionen:
1 Tasse schwarze Sojabohnen (am besten Hokkaido-Sojabohnen)
2 Tassen Wasser
1 EL Kuzupulver
1 Prise Meersalz
1 Prise Vanillepulver
1 Packung gegarte Maroni
1 Handvoll Rosinen
4 EL Reismalz

Sojabohnen vorsichtig waschen, damit die Schale unbeschädigt bleibt. In den Schnellkochtopf geben und bei geringer Hitze 5 Minuten rösten. Dabei ständig mit einem Holzlöffel umrühren. Wasser und Rosinen zugeben und für 50 Minuten kochen. Kuzupulver in ein wenig Wasser auflösen. Bohnen noch einmal zum Kochen bringen, Vanillepulver, Maroni und aufgelöstes Kuzupulver zugeben. 5 Minuten köcheln lassen und anschließend mit Reismalz süßen.

Gerste mit Mandelmus

Aufgrund der Gift ausscheidenden Wirkung der Gerste ist dieses Rezept reinigend und entspannend zugleich. Die Antioxidantien der Gojibeeren wirken verjüngend.

Zutaten für 4 Portionen:
1 Tasse Gerste
3 Tassen Wasser
1 Handvoll Gojibeeren
1 Handvoll Rosinen
1 Prise Meersalz
2 EL Mandelmus
2 EL Apfel oder Birnendicksaft
Zimt und Vanillepulver nach Bedarf

Gerste waschen und mit Wasser und Meersalz in einem Schnellkochtopf zum Kochen bringen. 40 Minuten kochen. Rosinen, Gojibeeren, Vanillepulver und Zimt zu der Gerste geben und bei offenem Deckel weitere 5–10 Minuten kochen. Mit Mandelmus und Dicksaft würzen.

Rettich-Tofu

Die Kombination von Rettich und Tofu hat eine fettauscheidende und entschlackende Wirkung. Am besten isst man diese Mischung vor dem Frühstück, aber nicht öfter als 3 mal pro Woche.

Zutaten für 2 Portionen:
3 EL geriebener Rettich
3 EL sehr fein geschnittener Natur-Tofu
Ein paar Tropfen Zitronensaft

Rettich und Tofu mit ein bisschen Wasser in einem Topf 2 Minuten köcheln lassen. Mit Zitronensaft beträufeln.

Karotten-Rettich-Drink

Dieser Drink hilft, angesammeltes Fett auszuscheiden. Das Nori im Drink stärkt das Blut mit Mineralstoffen. Ein sehr wirkungsvoller Drink, deswegen sollte er nicht öfter als 1 mal pro Woche genossen werden.

Zutaten für 2 Portionen:
1 Tasse fein geriebener Rettich
1 Tasse fein geriebene Karotte
¼ TL Umeboshipaste (erhältlich im Reformhaus)
2 Tassen Wasser
1/3 eines Noriblattes in kleine Stücke gerupft

Alle Zutaten bis auf das Nori in einen Topf geben und zum Kochen bringen. Hitze ganz klein drehen und 2 Minuten ziehen lassen. In zwei Gläser gießen und mit Nori garnieren.

Süsser Gemüsetrunk

Dieser Drink entspannt und stabilisiert den Blutzuckerspiegel und schützt so vor Heißhungerattacken auf Schokolade. Er macht das Blut leicht basisch und hält die Haut weich und glatt.

Zutaten für 2 Portionen:
720 ml Wasser
¼ Tasse klein geschnittene Zwiebel
¼ Tasse klein geschnittenes Kraut
¼ Tasse klein geschnittener Kürbis (Sorte egal)
¼ Tasse klein geschnittene Karotte

Wasser in einem Topf zum Kochen bringen. Gemüse hineingeben, auf kleine Flamme drehen und 15 Minuten kochen lassen. Das Wasser abseihen und Gemüse entsorgen. Alle Inhaltsstoffe sind nun im Wasser.

Hatomugi mit geröstetem Mais und Schalotten

Hatomugi reinigt das Blut von angesammelten Fetten und verschönert das Hautbild. Die Inhaltsstoffe des Mais stärken das Herz.

Zutaten für 3–4 Portionen:
5–6 Schalotten, in die Hälfte geschnitten
Maiskörner von ca. 2 Kolben
Olivenöl
Sojasoße
1 EL Reismalz
1 Tasse Hatomugikörner
2 Tassen Wasser
1 kleine Handvoll Petersilie gehackt

Ofen auf 190 Grad vorheizen. Ein Backblech leicht einölen. Die Schalotten und den Mais mit Öl sparsam einreiben. Auf dem Backblech verteilen und mit Reismalz beträufeln. Für ca. 35 Minuten rösten. Auf den Boden eines Topfes das geröstete Gemüse geben und mit Hatomugi und Wasser bedecken. Zum Kochen bringen und halb zudecken. Einen Spritzer Sojasoße dazugeben, mit dem Deckel nun ganz verschließen und Hitze auf klein stellen. Für 35 Minuten kochen. Petersilie einrühren und servieren.

Ume-Sho-Kuzu-Tee

Dieser Tee stärkt die Verdauung, macht die Lippen weich und den Bauch flach. Außerdem hilft er gegen Übelkeit, Migräne und Müdigkeit.
Ein Monat lang 3 mal pro Woche trinken. Danach nur ab und zu.

Zutaten für 1 Portion:
1/3 Umeboshipflaume fein geschnitten
1 Tasse Wasser
1 Prise Meersalz
1 TL Kuzupulver in 2 TL kaltem Wasser aufgelöst

Alle Zutaten in einen kleinen Topf geben. Über geringer Hitze und bei ständigem Rühren zum Kochen bringen und ca. 3 Minuten kochen, bis die Mischung dicklich und klar wird. Heiß trinken.

Süsse Pastinakensuppe mit Haselnuss-Pesto

Pastinake unterstützt die mittleren Organe Milz, Bauchspeicheldrüse und Magen. Sie nährt die Haut und wirkt gegen Falten.

Zutaten für 6 Portionen:
1 Zwiebel klein gehackt
1 kleiner Porree gehackt
6 Pastinaken klein geschnitten
3 Tassen Reis oder Sojamilch
3 Tassen Wasser
¼ Tasse Mirin (Reiswürze)
2 ½ TL weißes Miso
Klein gehackte Petersilie
Haselnusspesto:
1 Tasse Haselnüsse im Ofen bei 165 Grad 20 Minuten geröstet
1 Tasse frische Basilikumblätter
1 Tasse frische Petersilie
3 Schalotten klein gehackt
¾ Tasse Olivenöl
2 TL Weißes Miso
2 TL frischer Zitronensaft
1 TL Reismalz

Gemüse in einen Suppentopf schlichten. Reis oder Sojamilch, Wasser und Mirin zugießen. Zum Kochen bringen, auf kleine Hitze reduzieren und ca. 30 Minuten kochen, bis die Pastinaken weich sind. Eine kleine Menge Suppenflüssigkeit herausnehmen, Miso darin auflösen und wieder zurückgießen. 3–4 Minuten ziehen lassen, um die Enzyme zu aktivieren. Suppe fein pürieren und mit Pesto und Petersilie garnieren. Für das Pesto alle Zutaten in einem Mixer pürieren.

Makirolle mit Tempeh

Tempeh wird aus fermentierten Sojabohnen hergestellt. Es kräftigt die Muskeln, enthält leicht verdauliches Eiweiß und das Vitamin B12. Eine Makirolle ist eine vollständige Mahlzeit, die ideal im Voraus zubereitet und für unterwegs mitgenommen werden kann.

Zutaten für ca. 3 Makirollen
¾ Tasse Vollkorn-Rundkornreis
¼ Tasse süßer Reis
1 Prise Meersalz
1 Packung Tempeh in 2 cm dicke Scheiben geschnitten
Einige Scheiben eingelegter Ingwer
Wasabi
Umeboshimus
2 EL Shoyu-Sojasoße
2 EL Mirin
Sonnenblumenöl zum Frittieren
3 Noriblätter
1 Karotte der Länge nach in dünne Streifen geschnitten
1 Gurke, Kerne entfernt und in längliche Stücke geschnitten

Reis waschen, mit dem Wasser und dem Meersalz im Schnellkochtopf 45 Minuten kochen. Reis auskühlen lassen. Tempeh in heißem Sonnenblumenöl 1 Minute frittieren. Noriblatt mit einer dünnen Schicht Reis bedecken. Am oberen Rand 1 cm frei lassen. Auf die untere Hälfte einen Karottenstreifen, ein Stück Gurke und ein Stück Tempeh platzieren. Mit einer Messerspitze am unteren Rand ein wenig Umeboshipaste verstreichen. Wasabipaste nach Bedarf auf dem Reis verteilen. Ingwerscheiben auf den Tempeh legen. Vorsichtig das Noriblatt von unten nach oben einrollen. Den freigelassenen Rand mit etwas Wasser befeuchten, damit das Noriblatt besser schließt. Rolle mit einem scharfen Messer in Stücke schneiden und mit Sojasoße servieren.

SAXX GOES DETOX

»Wenn Sie das Essen leicht verdauen können, dann können Sie auch das Leben leicht verdauen.« Das ist ein Motto, das mich nun schon lange begleitet. Ebenso wie der Satz: »Der Schmerz der Leber ist die Müdigkeit.« Was nichts anderes bedeutet, als dass es unsere Ernährung und iher Auswirkungen auf unsere Organe sind, die darüber entscheiden, ob wir ein schmerzfreies, ausgeglichenes Leben führen können. Aber was genau ist denn nun eigentlich Detox?

Detox bedeutet, dem Körper dabei zu helfen, Giftstoffe und Schlacken, die sich im Darm, in der Leber und im Bindegewebe angesammelt haben, abzubauen und auszuscheiden. Falsche Ernährung, Umweltgifte und nicht zuletzt Medikamente bombardieren unseren Körper mit Giftstoffen, und nicht alles scheidet er aus. Mit richtiger Ernährung und einfachen Anwendungen können wir hier selbst eingreifen und mithelfen, unseren Körper zu reinigen.

Ich mache immer wieder die Erfahrung, dass sich nach einer Woche Detox meine Laune verbessert und meine Haut schöner und praller wird. Ich fühle mich auch geistig wacher, denn es ist nicht nur eine körperliche, sondern auch eine spirituelle Reinigung. Wichtig zu sagen ist, dass Detox ein kurzzeitiges Kurprogramm ist und sicher keine Daueranwendung. Empfohlen werden oft vierzehn Tage Kur. Das lässt sich bei mir jedoch nur selten umsetzen. Daher mache ich zwei bis drei Mal im Jahr eine Fünf-Tages-Kur.

Natürlich können wir unserem Körper nichts Besseres tun, als von vorneherein auf unsere Ernährung und unsere Lebensgewohnheiten zu achten, aber wer hält das schon die ganze Zeit durch. Man müsste als Eremit im Wald leben, um den Umweltgiften, den Ernährungssünden und vor allem dem alltäglichen Stress zu entgehen.

Bevor Sie sich in eine Detox-Kur stürzen, sollten sie zur Sicherheit ihren Arzt konsultieren und die Kur mit ihm besprechen. Sollte Ihre Gesundheit angegriffen sein oder Sie auf die regelmäßige Einnahme von Medikamenten angewiesen sein, ist es unter Umständen sogar ratsam, unter seiner Anleitung zu entgiften.

Detox ist ein Modebegriff geworden, doch tatsächlich handelt es sich um uralte Techniken, Anwendungen und Ernährungsformen. Seit Jahrhunderten weiß man um die entgiftende und entschlackende Wirkung von bestimmten Gewürzen, Obst- und Gemüsesorten. Der bekannte Kräuterpfarrer Sebastian Kneipp soll auf die Frage nach den drei wichtigsten Therapieverfahren geantwortet haben: »Erstens Entgiftung, zweitens Entgiftung und drittens Entgiftung.«

Früher kamen verschiedene Kräuter und Tees zum Einsatz, von denen man wusste, dass sie entschlacken und entgiften. Brennnessel, Schafgarbe und spezielle Teemischungen gab es in der Apotheke oder in Reformhäusern. Mich wundert es, wenn das jetzt als neue Behandlungsmethode gesehen wird. Ob in Indien oder in der westlichen Kultur, es gibt seit Hunderten von Jahren einzigartige Ernährungsweisen und Heilmethoden, die genau darauf abzielen.

Heute stellen wir oft fest, dass wir völlig übersättigt sind, vollgestopft mit chemischen Stoffen und Giften. Da werden solche alten Heilmethoden wieder wichtig. Wir können uns den heutigen Essgewohnheiten und Umweltgiften nicht ganz entziehen, aber wir können dem Körper helfen, damit fertig zu werden. Deshalb habe ich mich entschlossen, Nahrungsmittel zusammenzustellen, die meine Reinigung positiv unterstützen, meinen Stoffwechsel anheizen, mir trotz des Verzichts Kraft und Energie geben – und mir auch noch schmecken.

Das wichtigste vor der Kur sind die Motivation und das Ziel. Zuvor sollten wir uns daher unbedingt die Gründe bewusst machen, warum wir gerade jetzt damit beginnen wollen.

– Entgiften
– Abnehmen
– Stoffwechsel aktivieren
– Säure-Basen-Haushalt ausgleichen
– Gesund bleiben
– Energie tanken
– Fünf Jahre jünger aussehen

Gifte sind um uns und in uns

Über unsere Nahrung nehmen wir täglich unzählige Giftstoffe zu uns, ohne uns dessen bewusst zu sein. Der Markt verlangt optisch makellose und geschmacklich immer gleichbleibende Lebensmittel. Kein dunkles Fleckchen darf auf dem Obst sichtbar sein. Es muss knackig sein, in leuchtenden, appetitlichen Farben. Das Fleisch wollen wir nicht zu fett und natürlich zart. Zudem müssen unsere Lebensmittel auch noch fast unbegrenzt haltbar sein. Kein unbehandeltes Obst dieser Welt und kein Fleisch kann diese Anforderungen erfüllen. Von Fertiggerichten ganz zu schweigen. Deshalb kommen in der Landwirtschaft Pestizide und Biozide gegen Schädlinge, Krankheiten und Unkraut zum Einsatz. Unsere Nahrungsmittel enthalten ganz legale, deklarierte Lebensmittelzusätze, von denen wir oft nichts wissen, weil wir uns nicht die Mühe machen, auf der Verpackung nachzulesen. Dazu kommen Arzneimittel, mit denen wir nicht sparen, und Chemikalien aller Art, z. B. in unseren Putzmitteln, sowie Schwermetalle und Umweltgifte wie Formaldehyd. Denken wir nur an die Belastungen durch die Abgase der Autos. Die Gesamtzahl der synthetischen und chemischen Stoffe in Alltagsprodukten schätzen Experten auf mehr als 30.000.

Der Körper braucht deshalb mindestens einmal im Jahr eine große Reinigung für Leber, Darm, Galle, Nieren und Haut. Denn selbst wenn wir uns gesund ernähren, müssen wir die abgelagerten Schadstoffe aus dem Körper abtransportieren. Die Leber freut sich dabei über unsere Mithilfe!

Ich beginne den ersten Detox-Tag mit einer Darmentleerung mit Bittersalz (Hydro-Colon, erhältlich in Apotheken oder bei einem Facharzt nachfragen) oder einer Darmspülung.

Salzwasser & Basenbäder. Zur Unterstützung der Ableitung der Schlacke mache ich regelmäßig Salzbäder. Während einer Kur bade ich sogar täglich in einer Mischung aus Meersalz und Basenpulver.

Die günstige Variante ist das bekannte Natron Pulver, das bei den Backwaren zu finden ist. Das Natron erhöht den PH-Wert des Wassers. Regelmäßigen Natronbädern wird eine verjüngende Wirkung nachgesagt, weil sie den Säuren-Basen-Haushalt ausgleichen. Das Meersalz löst Verhornungen und Unreinheiten und zieht außerdem überflüssiges Wasser aus dem Gewebe. Gleichzeitig werden Mineralstoffe und Spurenelemente eingeschleust, denn das salzige Nass ist in Zusammensetzung und Gehalt an Nähr- und Mineralstoffen dem menschlichen Blutplasma ähnlich. Darum können diese Substanzen auch über die Haut ausgetauscht werden. Als besonders reich an glättenden und heilenden Mineralstoffen gilt Salz aus dem Toten Meer. Es hilft bei Hautproblemen wie Schuppenflechte, reguliert die Talgdrüsenproduktion und durch seinen hohen Anteil an Magnesium und Brom strafft es das Gewebe und hilft sogar bei Muskelkater. Für eine Kuranwendung benötigen wir 1/2 bis 1 Kilo Meersalz pro Wanne. Meersalz ist aber nicht nur für Vollbäder einsetzbar. Folgende Anwendungen helfen bei der Entschlackung:

Nasse Socken. Nehmen Sie etwa einen Liter Wasser und geben Sie fünfzig Gramm Meersalz dazu. Legen Sie ein Paar Baumwollsocken in das Wasser, bis sie sich vollgesogen haben. Nun leicht auswringen, anziehen und dicke trockene Socken darüberstreifen. So geht es ab auf die Entspannungsliege. Sie können die Socken auch über Nacht anbehalten, denn sie können nicht abgestrampelt werden und wirken die ganze Nacht. Sollten sie nicht allzu hartgesotten sein, empfehle ich warmes Wasser und rate noch ein dickes Handtuch darüberzuwickeln, damit die Socken nicht so schnell auskühlen und die Feuchtigkeit nicht in die Bettwäsche dringt.

Ingwerbad. Diese Anwendung habe ich aus meiner Makrobiotikzeit übernommen. Unsere Lehrerin erklärte uns, dass Ingwer nicht nur innerlich, sondern auch äußerlich entschlackend wirkt. Ingwersaft regt den Stoffwechsel an und fördert so die aktive Entschlackung und Entgiftung des Körpers. Ingwer hat erwärmende Energie, deshalb sollte das Badewasser nicht zu heiß sein. Man nimmt eine große Ingwerknolle und raspelt diese mit der groben Seite der Reibe auf ein dünnes Geschirrtuch. Danach bindet man das Tuch oben zu und legt es in die gefüllte Badewanne. Fertig.

Detox-Yoga. Yoga-Übungen sind in diesem Zeitraum besonders wichtig und effektiv, sollten aber nicht unmittelbar nach dem Essen gemacht werden. Durch spezielle Übungen wie »halber Drehsitz«, »Zange« oder »Schulterstand«, bei denen der Körper stark verdreht und gebeugt wird, soll Blut aus den inneren Organen »herausgepresst« werden, sich dann mit Sauerstoff anreichern und Schlackenstoffe aus dem Organismus schwemmen. Auch der Kapalabhati-Atem, eine schnaubende Atemtechnik, wirkt innerlich reinigend. Wer aktiv entgiften möchte, ohne sich dabei auf strenge Ernährungsrichtlinien konzentrieren zu müssen, liegt mit Detox-Yoga richtig. Einfach im Yoga-Studio nach Kursen fragen oder zuhause ausprobieren. Ich empfehle die DVD »Kundalini Yoga to Detox and Destress« von Maya Fiennes.

Leberwickel. Ein altes Hausmittel zur Entgiftung und Anregung der Lebertätigkeit ist der Leberwickel. Diese Anwendung sollte eine Woche lang durchgeführt werden. Für mich ist es abends am angenehmsten. Und so funktioniert es: Übergießen Sie circa fünf Esslöffel getrockneter Schafgarbe mit heißem Wasser und lassen Sie diese etwa zehn Minuten ziehen. Tauchen Sie ein nicht zu dickes Tuch (Leinentuch oder Geschirrtuch) in den Sud. Wringen Sie es aus, bis es feucht, aber nicht mehr nass ist. Füllen Sie eine Wärmflasche mit heißem Wasser und wickeln Sie sie in das feuchte Tuch. Auf dem Bauch unter dem rechten Rippenbogen platzieren. Decken Sie den feuchten Wickel mit einem Handtuch ab und lassen Sie ihn etwa eine Stunde lang wirken. Das Handtuch schützt vor der Feuchtigkeit und verhindert das schnelle Auskühlen der Wärmflasche. Sie müssen sich bei der Anwendung wohlfühlen,

Anwendungsdauer und Temperatur des Wickels richten sich nach Ihren Vorlieben.

Lymph-Massage. Ein wichtiger Bestandteil meiner Detox-Kur ist das Anregen der Lymphen, um die Entschlackung zu unterstützen. Die heiße Rubbelmassage ist eine einfache, sehr wirkungsvolle Gesundheits- und Schönheitsmaßnahme, die den Kreislauf anregt, die Lymphe zum Fließen bringt und die Poren öffnet, damit Toxine ausgeschieden werden können. Das unter der Haut gespeicherte Fett wird dabei gelockert und aufgelöst. Somit hilft diese Technik gegen Cellulite. Abgestorbene Hautzellen werden entfernt und die Haut wird streichelzart. Ein- bis zweimal am Tag (am besten in der Früh und vor dem Schlafengehen) angewendet, verbessert sie die Blutzirkulation, den Schlaf und die Fähigkeit, mit Stress positiv umzugehen, und stärkt Konzentrationsfähigkeit und Vitalität. Diese Massage hilft auch beim Abnehmen, weil sie die Fettverbrennung ankurbelt. Bei regelmäßiger Anwendung sieht die Haut um Jahre jünger aus.

Rubbelmassage. Einen Waschlappen in heißes Wasser tauchen, gut auswringen und den ganzen Körper mit etwas Druck abrubbeln. Beginnen Sie immer unten und arbeiten Sie sich in kreisförmigen Bewegungen in Richtung Herz. Sobald der Waschlappen abgekühlt ist, tauchen Sie ihn erneut ein, wringen ihn aus und weiter geht's. Der Leistenbereich und der seitliche Bereich des Halses sind der Sitz vieler Lymphknoten und damit besonders wichtig. Die heiße Rubbelmassage sollte circa fünf bis acht Minuten dauern.

Bitter macht schön

Ich empfehle, die Detox-Kur mit einem Bittertag zu starten. Der Bittertag regt die Verdauung und den Stoffwechsel an und regeneriert die Darmflora. Er reduziert den Heißhunger auf Süßes und sorgt dafür, dass das Sättigungsgefühl schneller einsetzt. Und er unterstützt die Entsäuerung, da Bitterstoffe eine basische Wirkung haben. Gemüse mit Bitterstoffen sind Artischocken, Blumenkohl, Rucola, Endivien, Rosenkohl. Gewürze mit Bitterstoffen sind Rosmarin, Thymian, Kardamom, Salbei. Obst mit Bitterstoffen sind Zitrone, Grapefruits, Orangen. Getreide mit Bitterstoffen sind Buchweizen, Hirse, Amarant.

Ich starte den Bittertag gerne mit einem speziellen Kräutertee aus Löwenzahn, Schafgarbe, Brennnessel und Wermut. Den trinke ich verteilt über den Tag.

Folgende Lebensmittel sollten während der Detox-Kur unbedingt im Kühlschrank sein:

Rettich. Er enthält Schwefelstoffe und Magnesium. Der Rettich wirkt harntreibend und kurbelt die Entgiftung der Leber an. Durch den hohen Vitamin-C-Gehalt stärkt er das Immunsystem und unterstützt Verdauung und Stoffwechsel. Der Rettich kann, in ein feuchtes Tuch gewickelt, gut im Kühlschrank aufbewahrt werden.

Apfel. Es muss nicht immer exotisch sein. Die heimischen Vitaminbomben regulieren die Verdauung und stabilisieren die Darmflora. Das in Äpfeln enthaltene Pektin bindet Schadstoffe und stärkt die Leber durch organische Säuren. Der Genuss der Früchte beugt Herz-Kreislauf-Erkrankungen vor. Die Inhaltsstoffe sind vielfältig: Vitamin B und C, Kalium, Kalzium, Phosphor, Eisen und Natrium. Der Apfel ist nicht nur als frisches Obst wertvoll, auch ein Tee aus Apfelschalen hilft bei der Entgiftung. Besonders bekömmlich im Rahmen der Kur ist der Apfel, wenn er auf einer groben Reibe klein geraspelt wird.

Zucchini. Die enthaltenen Vitamine kurbeln den Stoffwechsel an. Mischen Sie Zucchini mit Tomaten, dann verdoppelt sich die Wirkung. Mit Kurkuma gewürzt wird daraus ein Stoffwechselturbo. Zucchini enthalten außerdem sehr viel vom Nervenvitamin B1.

Artischocken. Die Artischocke hat eine breit gefächerte Wirkung. Sie wird seit dem Mittelalter als Heilpflanze bei Leberleiden und Verdauungsstörungen eingesetzt. Sie fördert den Galleabfluss aus der Leber, regt die Nierentätigkeit an und senkt die Blutfettwerte. Der Hauptwirkstoff ist Cynarin, ein Bitterstoff, der Leber und Galle bei der Verdauung unterstützt und die Leberzellen schützt.

Chicorée. Hier wirkt der Bitterstoff Intybin. Chicorée entlastet die Leber durch Mineralstoffe wie Kalium, Kalzium und Phosphor. Dazu kommen Vitamin C, B1 und B2. Er wirkt harntreibend, entwässernd und entschlackend, außerdem entstauend und entgiftend. Übergewicht hat so keine Chance!

Umeboshi. Diese getrocknete Pflaumensorte kenne ich aus der Makrobiotik. Sie hat einen eminent positiven Einfluss auf die Darmflora und ist ein guter Basenbilder. Umeboshi wirkt der Übersäuerung des Magens entgegen. Ich verwende Umeboshi-Paste gerne zum Würzen von Salatdressings und Suppen.

Helferlein & Co

Chlorellaalge. In der Alternativmedizin wird diese Süßwasseralge dank ihrer Fähigkeit zur Bindung von Schadstoffen zur Ausleitung von Schwermetallen eingesetzt. Sie bindet unter anderem Kadmium, Thallium, Blei, Nickel und Zinn und sorgt dafür, dass diese über den Darm ausgeschieden werden. Als Nahrungsergänzungsmittel ist sie ein wertvoller Lieferant von Vitalstoffen.

Wakamealge. Die schmackhafte und leicht zu verdauende Alge gehört zur Familie der Braunalgen und bringt den Stoffwechsel auf Hochtouren. Die reichlich enthaltene Alginsäure unterstützt den Körper bei der Entschlackung und Entgiftung. Darüber hinaus enthält die Algenart Natrium, Kalium, Kalzium, Vitamin B und Magnesium. Sie kann als Salat oder Beilage gegessen werden.

Heilerde. Bereits in der Antike war das Pulver aus naturreinen, eiszeitlichen Lössablagerungen bekannt. Der Löss wirkt umso besser, je feiner er gemahlen und verarbeitet wurde. Durch die Einnahme werden Giftstoffe, Stoffwechselprodukte, überschüssige Säuren und Darmbakterien gebunden. Heilerde entgiftet den Körper und saniert den Darm. Sie kann auch für Leberwickel und Bäder verwendet werden.

Vulkangestein. Dieses Nahrungsergänzungsmittel wirkt ähnlich wie Heilerde und wird von verschiedenen Firmen unter diversen Namen angeboten. Die Wirkung ist jedoch immer die gleiche. Gemahlenes und gereinigtes Vulkangestein wird als Kapsel eingenommen oder in Wasser eingerührt und bis zu dreimal täglich getrunken. Es ist geschmacklos und löst sich im Wasser nicht auf. Das Vulkangestein absorbiert Giftstoffe im Verdauungstrakt, die über den Darm ausgeschieden werden. Es durchwandert den Körper, ohne dass dieser es aufnimmt, daher hat es keine Nebenwirkungen. Es wirkt als Ballaststoff und fördert die Darmtätigkeit.

Detox-Tropfen. Sie werden als Unterstützung der Detox-Kur angeboten. Die Zusammensetzungen sind dabei so vielfältig wie die Namen der Produkte. Wer es einfach und unkompliziert haben will, kann zu diesen Mitteln greifen. Für mich ist die Entgiftung und Reinigung meines Körpers ein Ritual geworden. Ich genieße sie – von der Erstellung eines Planes über den Einkauf der Lebensmittel bis zu entspannenden Anwendungen und Massagen. Zwischendurch ein paar Tropfen zu nehmen mag zwar Zeit sparen, aber die Versuchung, die Entgiftung dann gleichsam nur »nebenbei« zu erledigen, ist groß. Ich setze lieber auf frisch zubereitete Säfte und selbst gekochte Gerichte.

So wie es Lebensmittel gibt, die dem Körper bei der Entgiftung helfen, gibt es auch solche, die das Gegenteil bewirken und die Organe belasten. Während der Entgiftungskur sind diese strikt zu meiden

– auch kleine Sünden zwischendurch sind da leider streng verboten. Tabu sind: Kaffee, grüner und schwarzer Tee, Alkohol, zuckerhaltige Limonaden, weißes Mehl, gehärtete Pflanzenfette (wie etwa in Chips, Pommes Frites, et cetera) und Süßigkeiten wie Schokolade oder Kuchen.

Wenn Sie, wie ich, nicht ganz vom Süßen lassen wollen oder können, empfehle ich Honig. Zwei Teelöffel täglich sind erlaubt.

Ich achte immer darauf, dass mein Obst und Gemüse aus biologischem Anbau stammt und nicht mit Pestiziden behandelt wurde. Salate und Rohkost esse ich niemals zu kalt. Der Körper muss die Lebensmittel erst aufwärmen, ehe er sie weiterverarbeiten kann, und das ist anstrengend für ihn.

Wenn ich nicht rein vegetarisch essen will, greife ich zu magerer Pute, Hühnchen, Lachs oder Zander. Im Reformhaus oder im Bioladen sind diverse Obst- und Gemüsesorten auch als hochwertige Säfte erhältlich. Es lohnt sich aber auch, den Entsafter oder den Mixer anzuwerfen und seine eigenen Saftmischungen herzustellen.

Der Körper braucht Ruhe

Während der Detox-Kur benötigt der Körper viel Ruhe und Schlaf, denn das Entgiften ist Schwerarbeit. In dieser Phase versuche ich, die Arbeit etwas beiseitezuschieben, schalte das Handy und gehe früh zu Bett – eventuell mit dem oben beschriebenen Leberwickel.

Ich habe mich dazu entschlossen, meinem Körper etwas Gutes zu tun, jetzt muss ich es auch durchziehen. Lange Verabredungen oder abendliche Geschäftstermine verschiebe ich lieber auf nach der Kur, so gehe ich den vielen Versuchungen aus dem Weg, die in Restaurants auf mich lauern. Mit Entspannungs- und Meditationsübungen reduziere ich Stress und gebe damit meiner Leber eine Chance, sich auf die Reinigung meines Körpers zu konzentrieren.

Fünf-Sterne-Entgiftung

Lange bevor der Ayurveda-Trend in unseren Gefilden bekannt wurde, hörte ich im Zuge meiner Makrobiotikphase davon. Zuerst wusste ich nur, dass Ayurveda mit Ölmassagen, Entspannung und gesunder Ernährung zu tun hat. Ich war immer schon ein Wellnessfan und dachte, dass ich mir einmal ein paar Tage Erholung und Ausspannen gönnen sollte. Meine Wahl fiel allerdings nicht auf Indien, sondern auf ein luxuriöses Fünf-Sterne-Schlosshotel in Österreich.

Gleich nach meiner Ankunft wurde ich, gemeinsam mit den elf anderen Kurgästen, von den restlichen Hotelgästen getrennt. Sogar unsere Mahlzeiten servierten uns die Kellner in einem separaten kleinen Raum. Der lag hinter dem großen Speisesaal, weshalb wir zweimal täglich an den herrlich duftenden Frühstücks- und Abendbuffets vorbeilaufen mussten. Ich roch das leckere Essen und dachte: »Jetzt zahle ich für eine zweiwöchige Kur ein paar Tausend Mark und muss dabei auf so vieles verzichten!«

In unserem kleinen Speiseraum roch es leider nicht lecker, sondern gesund. Nach den ersten paar Massagen roch überhaupt alles nur noch nach Sesamöl und Kreuzkümmel. Ein Geruch, der mich noch heute an diese Kur erinnert.

Gleich zu Beginn führte ein Arzt vor Ort Pulsmessungen bei allen Kurgästen durch und stellte einige Fragen zu den Lebensgewohnheiten. Er wertete beides aus, teilte uns den Ergebnissen entsprechend in verschiedene Gruppen ein und erstellte für jeden ein Programm für die kommenden zwei Wochen.

Ich hatte ein Einzelzimmer und war wirklich viel allein. In meinem Zimmer gab es keinen Fernseher, was ich anfangs befremdlich fand, ab dem zweiten Tag aber zu schätzen begann. Ich las und schlief viel, und nach den Behandlungen ging ich meist an die frische Luft.

Zu meinem Kurprogramm gehörte unter anderem eine Synchronmassage. Allein für die hat sich mein Aufenthalt in dem Hotel gelohnt. Zwei Therapeutinnen bearbeiteten gleichzeitig meinen Rücken und meine Gliedmaßen. Vier Hände, die mich mit ihren synchronen Bewegungen in einen Zustand völliger Entspannung versetzten. So etwas hatte ich noch nie erlebt. Es war, als würde mein Geist sich von meinem Körper trennen. Dieses Losgelöst-Sein war einzigartig.

Für mich war die zweiwöchige Kur optimal. Ich spürte, wie ich mich mit jedem Tag mehr entspannte und mein Körper entgiftet wurde. Dieser Prozess des Entgiftens kann auch ein paar vorübergehende Nebenwirkungen haben, über die uns der Hotelarzt, der uns durch die Kur begleitete, zwar informiert hatte, deren Ausmaß viele der Damen jedoch überraschte. Sie hatten nur das Ergebnis vor Augen: einen sauberen, fitten und schönen Körper. Während der Entschlackung lösen sich jedoch viele Giftstoffe, die in der Leber und im Gewebe gespeichert sind, und wandern durch den ganzen Körper, bevor sie ausgeschieden werden können. Das kann manchmal zu recht heftigen Reaktionen führen. Besonders die älteren Kurteilnehmerinnen, die zuvor noch nie Entgiftungskuren gemacht hatten, litten an leichten Vergiftungserscheinungen, extremer Migräne und allergischen Reaktionen. Einige dachten, sie würden die Kur nicht richtig vertragen oder wären allergisch auf das verwendete Öl. In der Ayurveda gibt es aber keine chemischen Zusätze. Das Öl, das während unserer Kur verwendet wurde, war reines Sesamöl. Natur pur also. Den meisten ging es nach wenigen Tagen auch schon viel besser. Wer durchhielt, wurde belohnt.

Besonders die Haut kann auf eine Detox-Kur sensibel reagieren. Pickel, leichte Irritationen und Ausschläge können auftreten.

Ich trinke während der Detox-Kur besonders viel, um die Giftstoffe und Schlacken aus dem Körper auszuschwemmen. Erlaubt sind Wasser (gerne auch heißes), Mineralwasser ohne Kohlensäure und mit Wasser verdünnte Frucht- und Gemüsesäfte.

Als ich damals meine erste Kur machte, wurden nur vierzehntägige Aufenthalte angeboten, weil die Nachfrage noch nicht so groß war. Heute kann man schon ab einer Mindestdauer von vier Tagen buchen. Man macht die Vorbereitung zuhause und genießt vor Ort vor allem die speziellen Massagen, die den Reinigungsprozess unterstützen. Aber eines ist gleich geblieben: Der Organismus reagiert auf die Behandlung. Eine Entgiftungskur ist kein reiner Wellness- und Beautyurlaub. Auch wenn es uns zu Beginn nicht leicht fällt und unerwartet heftige Reaktionen auftreten, wir können unserem Körper nichts Besseres antun. Die Belohnung ist ein ganz neues Lebensgefühl.

Ölziehen: einfach und wirkungsvoll

Eine effektive Technik zum Entgiften des Körpers und zur Stärkung des Immunsystems ist das Ölziehen, bei dem kalt gepresstes Öl einige Minuten lang im Mund behalten und dabei bewegt wird.

Woher diese Anwendungsart kommt, ist nicht ganz klar. Wir kennen sie von den Heilkundigen des Ayurveda, wo sie als »Gandhusa« bekannt ist. Sie wird aber auch Dr. F. Karach zugeschrieben, der sie der russischen Volksheilkunde entlehnt hat.

Der Unterschied liegt im verwendeten Öl. Bei der ayurvedischen Methode wird kalt gepresstes, »gereiftes« Sesamöl verwendet. Das heißt, das Sesamöl wird mit etwas Wasser auf über hundert Grad erhitzt, bis das Wasser auspufft, danach wird es abgekühlt. Bei der europäischen Methode kommt kalt gepresstes Sonnenblumenöl zum Einsatz. Letztendlich ist die Entscheidung für ein Öl reine Geschmackssache. Wichtig ist es, das Öl im Reformhaus besorgen, denn es sollte unbedingt biologisch sein. Ein mit Pestiziden belastetes Öl ist wertlos. Es gibt auch spezielle ayurvedische Öle zum Ölziehen und für Mundspülungen, diese haben allerdings meist einen stolzen Preis.

Und so funktioniert's: Am Morgen auf nüchternen Magen einen Esslöffel des kalt gepressten Pflanzenöls in den Mund nehmen und das Öl etwa fünfzehn Minuten lang kauen, durch die Zähne ziehen und im Mundraum bewegen. Bei Verwendung von Sesamöl verringert sich die Anwendungsdauer auf etwa fünf Minuten.

Wem ein ganzer Esslöffel zu viel ist, der kann auch weniger in den Mund nehmen, es sollte aber mindestens ein Teelöffel voll sein. Das Öl wird während der Anwendung immer dünnflüssiger und die Farbe wird langsam weißlich. Da Öl eine stark absorbierende Wirkung besitzt, nimmt es Bakterien, Viren, Keime und Schadstoffe aus der stark durchbluteten Mundschleimhaut und dem Zahnfleisch auf. Das aktiviert die Selbstheilungskräfte und entgiftet den Körper. Wer Schmerzen oder Krämpfe in der Muskulatur oder im Kiefer bekommt, der sollte einen Gang zurückschalten. Ölziehen sollten wir ruhig und entspannt angehen, ohne Druck und ohne Eile. Das Öl soll nicht durch den Mund gepresst werden.

Nach der Anwendung spucken wir das Öl aus. Allerdings aus hygienischen und gesundheitlichen Gründen nicht ins Waschbecken, da das Öl mit Keimen und Bakterien angereichert ist. Am besten einfach ein Stück Küchenrolle verwenden und dieses anschließend wegwerfen. Das Öl bitte auf keinen Fall schlucken. Mit klarem Wasser mehrmals spülen und danach die Zähne gründlich putzen.

Ölziehen hilft bei einer Vielzahl von Beschwerden und Krankheiten, zuallererst natürlich bei Problemen, die ihren Ursprung im Mund haben: Zahnfleischentzündungen, Parodontose, Zahnschmerzen und Mundgeruch. Außerdem macht das Ölziehen die Zähne weißer.

Weitere Einsatzgebiete sind Erkrankungen und Beschwerden des Magen-Darm-Trakts, von leichten Beschwerden wie Verstopfung bis zu Morbus Crohn. Außerdem hilft es bei Kopfschmerzen, Erkrankungen der Haut von Akne über Schuppenflechten bis zu Neurodermitis, rheumatischen Erkrankungen, chronischer Schlaflosigkeit, Entgiftung nach der Einnahme von Medikamenten, nach heftigem Alkoholgenuss und bei grippalen Infekten.

Ich kann nur jedem raten, es einmal auszuprobieren, vielleicht als zweiwöchige Kuranwendung. Die Methode ist simpel und wird nach ein paar Tagen zur Routine. Ich habe manchmal selbst so meine Probleme damit, das Öl im Mund zu halten und es zu bewegen, aber es lohnt sich, den unangenehmen Geschmack zu ignorieren und den anfänglichen Ekel zu überwinden.

AUF SPIRITUELLEM WEG ZUM JUNGSEIN

Ich habe recht früh zu meinem Glauben gefunden. Meine Mutter war bei der Kirche als Kindergärtnerin angestellt, weshalb ich an zahlreichen Bibelkreisen, Kirchenchören und christlichen Messen teilnahm. Das tägliche Gebet und die Verbundenheit mit Gott waren Teil meiner Erziehung.

Da ich ein sehr lebendiges Kind war und meine Mutter diese Tatsache manchmal beunruhigte, schickte sie mich mit zwölf Jahren in einen Kurs für autogenes Training. Dort lernte ich, mich in einen meditativen Zustand zu versetzen und meine Wünsche zu visualisieren. Das ganze Ausmaß der Möglichkeiten, die sich durch bestimmte Techniken und Lehren auftun, war mir damals noch nicht bewusst, aber es war ein Anfang.

Im Teenageralter weckte die Mutter meiner besten Freundin mein Interesse für spirituelle Erfahrungen und das Übersinnliche. Sie legte für uns die Tarotkarten und erstellte ein Astro-Diagramm. Sie brachte uns bei, die Aura zu sehen. Somit waren diese »magischen« Dinge für mich normal, sie gehörten eben zum Leben dazu.

Als ich später als Model in die große weite Welt hinausging, stellte ich schnell fest, dass viele Künstler dem Spirituellen offen gegenüberstehen. Das heißt natürlich nicht, dass alle Sänger, Maler oder Models spirituell sind. Aber es bildeten sich in meinem Umfeld immer schnell Grüppchen, die gemeinsam meditierten und denen ich mich anschloss. Wir besuchten Workshops und unzählige Kurse, in denen wir uns auf die Suche nach uns selbst begaben. Auf meinen Reisen und bei Shootings verschlang ich esoterische Bücher, um die endlosen Wartezeiten zu überbrücken. Bei all dem geriet ich auch an einige Scharlatane, aber das ist eine andere Geschichte.

Die Modebranche hat eine künstlerische Seite. Wir kreieren jeden Tag aufs Neue Mode und Make-ups und setzen unsere Ideen in Fotoshootings und Magazin-Layouts um. Doch es ist auch eine Branche der Oberflächlichkeit und Vergänglichkeit. Erscheint es heute noch geradezu lebenswichtig, dass ein Team zwölf Stunden an einem Fotosujet arbeitet und drei Stunden diskutiert, ob der Lidschatten blau oder braun sein soll, so ist die ganze Kreation trotzdem morgen schon wieder überholt. Vielleicht ist Spiritualität ein Gegenpol dazu. Viele Menschen, die sich in dieser Szene bewegen, sind einsam und auf der Suche. Sie entwickeln schnell und spontan, auch wenn es oft nur für einen Tag ist, ein Gefühl der Zusammengehörigkeit innerhalb der Fototeams, ja sogar eine Art des familiären Umgangs miteinander. Ich habe mich meistens sehr schnell mit den Visagisten und Visagistinnen angefreundet, mit denen der Umgang naturgemäß ziemlich intim ist.

Bei einer Visagistin, mit der ich oft arbeitete, fiel mir auf, dass zwischen uns ein besonders harmonisches Arbeitsklima herrschte. Sie verriet mir schließlich ihr Geheimnis. Bevor sie mit dem Makeup begann, reinigte sie ihre Hände mit Aura-Soma-Ölen. Sie erklärte mir, dass die Essenzen dieser duftenden Öle unseren feinstofflichen Körper stärken, reinigen und schützen. Es war einer der Momente, in denen mir klar wurde, dass Spiritualität nicht nur ein Gegenpol zur Schönheitsindustrie ist. Schön und jung sein, die Fähigkeit besitzen, von innen zu leuchten – das alles gibt es ohne Spiritualität nicht. Nach dieser Erkenntnis ließ ich die Wirkung der Aura-Soma-Öle für eine lange Zeit in meinen Alltag einfließen.

Yoga

Ich hatte das Glück, bei meinen ersten Modeljobs in Miami der Inhaberin meiner damaligen Agentur zu begegnen. Sie war sich ihrer Verantwortung bewusst und riet mir, niemals die innere Schönheit zu vergessen, sondern aktiv an ihr zu arbeiten. Sie empfahl mir ein Hatha-Yogastudio, wo wir Models einen ermäßigten Preis bekamen und das gleich neben meinem Appartement lag. Dort machte ich täglich vor oder nach den Shootings meine Yogaübungen.

Bei uns in Deutschland war diese Lehre damals noch weitgehend unbekannt. Auch ich selbst wusste noch nicht so genau, was Yoga eigentlich ist und hatte keine Ahnung vom direkten Einfluss der Übungen auf den Geist, auf die sieben Körper-Chakren und das Immunsystem. Doch nach einigen Wochen stellten sich bei mir ein besseres Körpergefühl und innere Zufriedenheit ein.

Es gibt zwei ganz pragmatische Gründe, aus denen Yoga ein echter Jungbrunnen ist. Die Übungen dehnen die Meridiane und massieren die Organe. Dadurch lösen sich Blockaden auf, die sich im Körper festsetzen und die verursachen, dass er schneller altert.

Ich praktiziere heute ich regelmäßig Bikram-Yoga, das in einem auf vierzig Grad aufgeheizten Raum stattfindet, weil es sehr schonend für die Gelenke ist.

Happy-Age-Yoga

Hier ein paar praktische Übungen für Zwischendurch aus der Yoga-Praxis. Um Verspannungen im Gesicht zu lösen, die zu unschönen Falten und harten Gesichtszügen führen, empfehle ich folgendes:

Die Ohrenmassage. Diese kleine Massage löst Verspannungen der Gesichtsmuskulatur auf einfache und angenehme Weise. Ich greife mit Daumen und Zeigefingern an den unteren Rand der Ohrläppchen. Ich knete kräftig von unten nach oben und streiche den Rand des Ohres aus. Nun greife ich mit dem spitzen Zeigefinger und dem Gegendruck des Daumens zu und wandere wieder nach unten. Die ganze Massage sollte ein bis zwei Minuten dauern.

Die Zungenübung. Mit diesen Übungen entspanne ich nicht nur die Zunge, sondern auch das Zwerchfell, und übe einen positiven Einfluss auf die Verdauung aus. Ich taste bei geschlossenem Mund mit der Zungenspitze die Außenseite der oberen Zähne einige Male von links nach rechts ab. Danach wechsle ich zur unteren Seite. Diese Übung regt den Speichelfluss an. Ich taste nun den Mundraum mit der Zungenspitze etwa eine Minute lang ab. Am Gaumen direkt unter den Augen verweile ich fünfzehn Sekunden lang und übe dort leichten Druck aus. Diese Übung entspannt die Augen.

Ringing the Bells of Heaven. Eine schöne Übung zur Straffung der Oberarme, die ich gerne auch zwischendurch mache, selbst wenn ich auf Reisen bin und wenig Zeit habe. Sie stammt aus dem Kundalini Yoga. Ich setze mich dafür mit geradem Rücken im Yogasitz hin. Ich atme ein- bis zweimal tief ein und aus. Ich strecke meine Arme zur Seite aus. Die Finger sind gespreizt, die Handflächen zeigen nach hinten, die Daumen nach unten. Meine Arme bewege ich erst nach vorne, dann zur Seite, dann nach hinten. Während der Übung beginne ich mein Mantra zu singen. Bei der Armbewegung nach vorne singe ich: SA, bei der Armbewegung zur Seite: TA, bei der Bewegung nach hinten: NA, bei der Bewegung zurück zur Ausgangsposition: MA. Bei der Übung soll eine fließende Bewegung entstehen und das Mantra »SA-TA-NA-MA« versuche ich in einem gleichmäßigen Verlauf zu singen. Dadurch stärke ich meine innere Mitte, und auf körperlicher Ebene straffe ich die Arme und festige den Busen. Die Übung sollte drei bis fünf Minuten lang ausführt werden.

Die Feueratmungsübung. Diese Übung stärkt die Bauchmuskeln und trainiert die Muskulatur an den Schultern und Armen. Ich starte im Yogasitz mit dem Daumen an der Wurzel des kleinen Fingers. Die Hände liegen entspannt auf den Oberschenkeln. Ich atme durch die Nase ein und stoßweise durch den Mund aus. Beim Ausatmen spanne ich die Bauchmuskeln an. Ich wiederhole diese Atemtechnik ein paarmal. Danach winkle ich die Arme an, sodass sich die Hände auf Schulterhöhe befinden. Ich lege den Kopf in den Nacken und blicke in den Himmel. Abwechselnd strecke ich meine Arme nach oben. Die Handflächen schließen sich zur Schulter und öffnen sich zum Himmel. Der Daumen bleibt in Position. Ich atme mit der Bewegung nach oben intensiv durch die Nase ein und mit der Bewegung nach unten aus. Dabei ziehe ich den Bauch ein. Ich führe die Übung in schnellem Tempo durch. Anfänger sollten nach der Übung nicht gleich aufstehen, weil der Kreislauf auf die ungewohnte Atemübung reagieren kann. Die Dauer beträgt auch hier fünf bis sechs Minuten. Diese Übung hilft übrigens auch, den Körper zu entgiften, und versorgt die Lunge und die Organe optimal mit Sauerstoff. Bei beiden Übungen lege ich gerne eine schöne Yoga-Musik-CD ein. Ich persönlich finde Sufi Safirs »Bahramji Mashti« wundervoll und kann diese Musik nur jedem empfehlen.

Die kraftvolle Haltung. Diese Übung trainiert die Oberschenkel und dehnt Schulter- und Brustmuskulatur. Sie stärkt den Gleichgewichtssinn und die Körperhaltung und beugt Krampfadern vor. Ich stehe aufrecht und stelle die Füße im Abstand von dreißig Zentimetern auf. Ich ziehe die Arme hoch über den Kopf, während die Handflächen zueinander zeigen. Dann gehe ich in die Hocke und verlagere mein Gewicht erst auf die Zehen und dann auf die Fußsohlen. Ich achte darauf, dass mein Rücken während der gesamten Übung gestreckt und mein Blick nach vorne gerichtet bleibt. Das Gesäß lasse ich so tief wie möglich sinken. Durch ein Zusammenziehen der Schulterblätter, ohne die Schultern hochzuziehen, öffne ich den Brustkorb. Ich spanne den Bauch an, um ein Hohlkreuz zu vermeiden. Diese Position halte ich für mindestens fünf Atemzüge. Danach verlagere ich mein Gewicht wieder auf meine Zehen und richte mich aus dieser Position auf. Die Übung sollte vier bis acht Mal wiederholt werden. Wichtig dabei ist eine ruhige und gleichmäßige Atmung.

Auf den Hund gekommen. Diese Übung verjüngt auf ganzer Linie und kann unangenehme Menstruationsbeschwerden und Hitzewallungen verringern. Sie verbessert außerdem die Konzentrationsfähigkeit, da sie die Herzregion und den Kopf stärker durchblutet. Ich starte wie bei der vorhergehenden Übung im aufrechten Stand. Die Füße sind hüftbreit aufgestellt, die Hände ruhen in betender Haltung vor meiner Brust. Ich atme tief ein und strecke die Hände nach oben. Während ich ausatme, führe ich meine Hände mit gestreckten Armen nach unten vor meine Füße in die stehende Vorwärtsbeuge Pada Hastasana. Anschließend führe ich meine Beine nacheinander nach hinten. Ich atme tief ein. Während ich ausatme, strecke ich den Po nach oben. Die Fersen drücke ich so weit wie möglich gen Boden. Die Beine sind durchgestreckt. Die Schultern ziehen zum Boden, Brustkorb und Herz öffnen sich. Diese Position sollte mindestens fünf Atemzüge lang gehalten werden. Auch nach Yogaübungen trinke ich immer viel Wasser, um den Flüssigkeitsverlust zu kompensieren. Eine besonders schöne Atmosphäre kreiere ich, indem ich bei der Übung ein Räucherstäbchen entzünde. Mein Lieblingsduft ist Nag Champa, der nach Sandelholz riecht und die Aura reinigt.

Vipassana

Nachdem ich 2011 beim RTL-Format »Ich bin ein Star, holt mich hier raus« im australischen Dschungel gelandet war, fühlte ich mich danach etwas leer. So in der Öffentlichkeit zu stehen und allen möglichen Ängsten ausgesetzt zu sein, hatte mir mehr zugesetzt als erwartet. Ich spürte den Drang, nach dieser extremen Reise nach außen nun eine Reise nach innen zu machen. So kam ich durch meinen Freundeskreis mit der Meditationstechnik Vipassana in Kontakt. Vipassana bedeutet intuitive Weisheit, Einsicht in die wahre Natur von Geist und Körper.

In der Meditation erholt sich der Körper tiefer als im Schlaf und kann sich deshalb noch besser regenerieren. Meditation ist deshalb eines der wirkungsvollsten Anti-Aging-Mittel. Menschen, die regelmäßig meditieren, sehen besonders jung aus.

Bei Vipassana handelt es sich um eine Schweigemeditation, bei der die Meditierenden zehn Tage lang weder sprechen noch durch Blicke mit der Außenwelt kommunizieren dürfen. Einige meiner Freunde hatten unabhängig voneinander ein Mediationszentrum in der Schweiz besucht und es mir empfohlen.

Ich kann mich noch gut daran erinnern, wie ich mich selbst auf den Weg dorthin machte. Mein Kopf war voller Gedanken, und ich war noch mit den Erlebnissen in Australien beschäftigt, woher ich gerade kam. Nun saß ich in meinem Auto und fuhr durch eine wunderschöne Landschaft die Schweizer Berge hinauf, bis ich einen Bauernhof erreichte, der erhaben auf einem Berghang stand. Das Zentrum verlangte nicht einmal etwas für seine Dienste. Es finanzierte sich über Spenden. Jeder konnte eine Spende geben, die seine Wertschätzung ausdrückte, oder seine Mitarbeit bei weiteren Kursen anbieten. Wir waren eine große Gruppe von sechzehn bis achtzehn Frauen und ebenso vielen Männern, die, wie gesagt, weder miteinander sprechen noch über Blicke miteinander kommunizieren durften. Wer mich kennt, kann sich vorstellen, was für eine Herausforderung das für mich bedeutete, zumal eine meiner Mitmeditierenden gleich in der ersten Nacht ziemlich laut schnarchte.

Morgens um sechs Uhr, nach dem Wecken mit dem Gong, ging es mit der ersten Meditation los. Sie dauerte etwa eine Stunde. Nach dem Frühstück und einem Spaziergang im Garten ging es weiter. Wir waren alle Neulinge und meditierten trotzdem zehn Stunden pro Tag. Schon am zweiten Tag gaben drei jüngere Frauen auf. Auch für mich war es anstrengend. Vipassana ist keine Entspannungsmeditation, es geht um aktives Meditieren. Ich lernte, meine Gedanken zu kanalisieren. Wir saßen im Yogasitz, unterstützt von Kissen, damit wir es bequem hatten. Mit geschlossenen Augen konzentrierten wir uns darauf, wie unser Atem durch die Nase hinein und wieder hinaus ging, eine ganze Stunde lang. Alle anderen Empfindungen nahmen wir zur Kenntnis, ohne sie zu bewerten. Wir lernten, uns nur auf den Punkt zwischen den Nasenlöchern und der Oberlippe zu konzentrieren. Oft saß ich da und dachte: »Ist das jetzt der richtige Bereich? Was denken die anderen? Denken sie jetzt auch? Was spüren sie?«

Am Anfang verglich ich mich mit den anderen und fragte mich, ob ich alles richtig machte.

Das nahm ab, als wir zur nächsten Stufe kamen. Dort gingen wir von einem Punkt aus, der unser Anker war. Wir konzentrierten unsere Gedanken auf das Kronenchakra am Kopf und führten sie buchstäblich über den Körper und die Haut. Ich spürte meinen Haaransatz, meinen Hinterkopf, dann spürte ich die Stirn, ging anschließend zur linken Augenbraue und so weiter. Mein kleiner Finger juckte, und ich dachte: »Okay, jetzt juckt mein kleiner Finger, aber ich gehe weiter in meiner Route über den Körper«. Mein Bein schlief ein, das nahm ich zur Kenntnis, blieb aber mit meinen Gedanken oben bei meiner linken Hand, von wo sie zu meiner Brust wanderten. Ich spürte meinen BH und dachte: »Der ist jetzt aber doch ein bisschen eng, soll ich daran ziehen? Nein, ich kann jetzt nicht ziehen, weil ich mich ja nicht bewegen darf.« Bewegungen sollten wir während der Meditation nämlich tunlichst vermeiden.

Eine Dame neben mir kratzte sich dennoch unentwegt. Das regte mich auf. Da wurde mir klar, dass es vermutlich genau das war, was ich lernen sollte – mich nur auf mich zu konzentrieren und alles andere zu ignorieren, selbst wenn neben mir der Blitz einschlüge.

Die ersten ein, zwei Tage war es noch erlaubt, während der Meditation die Position zu wechseln. Wir mussten uns schließlich an das bewegungslose Ausharren erst gewöhnen. Am zweiten oder dritten Tag fand ich meine ideale Position und konnte ruhig sitzen.

Ich gewöhnte mich erstaunlich schnell an das Schweigen und war dankbar, diese Erfahrung machen zu dürfen. Niemand erwartete etwas von mir und ich musste keinen Blick erwidern. Ich lernte, andere nicht zu bewerten, sondern auf das Wesentliche zu achten. Wer nicht kommuniziert, kann sich auf sich selbst konzentrieren.

Ich spürte, wie sich meine Sinne veränderten, sich schärften. Das Essen bestand aus Linsen, Gemüse, Vollwertreis und Salaten mit Gewürzen und Kräutern. Es schmeckte köstlich, was sicher an der Zubereitung lag, aber auch an der Sensibilisierung meiner Geschmacksnerven. Nach zehn Schweigetagen und hundert meditierten Stunden durften wir endlich miteinander sprechen. Das Geschnatter ging los. Es war schön, die Wegbegleiter der vergangenen Tage kennenzulernen und sich auszutauschen. Die Stimmung war fröhlich, und wir waren voller Liebe und Zufriedenheit.

Ich nahm mir vor, weiterhin morgens und abends zu meditieren. Doch ich muss gestehen, dass ich auch hier nicht ganz so konsequent in meiner täglichen Anwendung bin. Doch ich habe nun eine Technik zur Verfügung, die mir im Chaos des täglichen Lebens die Tore zur inneren Schönheit öffnet und mich erdet. Der Einstieg in die Welt der Meditation war für mich ein Geschenk, das ich nie mehr verlieren werde. Wenn ich mich heute in einer Situation befinde, die mich aufregt oder stresst, mache ich meine Atemübungen und versetze mich wieder in diesen Zustand völliger Ruhe.

Meditationstipps für Einsteiger

Ich suche mir eine Technik, die zu mir passt, und probiere dabei ruhig einiges aus. Habe ich mich einmal für eine Technik entschieden, bleibe ich dieser wenigstens einige Zeit lang treu.

In aller Ruhe. Ich finde einen Ort und eine Tageszeit, die sicherstellen, dass ich ungestört bin.

Bequemlichkeit. Ich achte bei meiner Sitzhaltung darauf, dass mein Rücken gerade ist und ich eine bequeme Position finde. Als Unterlage empfehle ich ein Schwangerschafts- oder Yogakissen. Ich trage bequeme Kleidung.

Kein Druck. Ich steige sanft und ohne Erwartungshaltung in die Meditation ein.

Dran bleiben. Ich bemühe mich, regelmäßig, also mindesten zwei- bis dreimal wöchentlich, zu meditieren. Ideal wäre einmal täglich.

Gleichmut und Achtsamkeit sind die Geschenke, die wir durch eine regelmäßige Meditation erhalten. Wenn Stress und Anspannung von uns abfallen und wir mit uns in Einklang sind, können wir das auch an unserem äußeren Erscheinungsbild wahrnehmen.

Schönheitsmeditation

Wir nehmen unsere Meditationsposition ein und schließen die Augen. Wir atmen dreimal intensiv durch die Nase ein und durch den Mund aus. Nun atmen wir gleichmäßig mit geschlossenem Mund durch die Nase ein und aus. Der Körper entspannt sich bei jedem Ausatmen ein wenig mehr. Wir visualisieren ein Bild von uns selbst, das uns in einer Situation zeigt, in der wir uns besonders attraktiv, begehrenswert und schön gefühlt haben. War es im Urlaub, spüren wir die Leichtigkeit und die Sonne auf unserer Haut. Wir fühlen die bewundernden Blicke der Menschen. Wir sagen uns: »Ich bin schön, ich fühle mich wohl in meiner Haut.« Wir holen uns das Strahlen und die Attraktivität in unserer Vorstellung zurück. Dieses liebevolle Gefühl und das Strahlen durchdringen unser ganzes Wesen. Wir sehen uns selbst mit vierzehn, mit zwanzig und mit dreißig Jahren. Wir durchlaufen die Stationen unseres Lebens und nehmen daraus ins Heute mit, was uns damals besonders schön gemacht hat. Wir genießen unsere Schönheit und lassen die Energie, die Kraft und das innere Leuchten in unser Unterbewusstsein einfließen. Wir verinnerlichen das Gefühl von Jugend und Attraktivität. Wir beenden die Meditation wieder durch drei aktive Atemzüge. Wir öffnen unsere Augen und strahlen.

Ich habe die Erfahrung gemacht, dass die äußere Schönheit nur dann strahlen kann, wenn die innere Zufriedenheit und spirituelle Entwicklung gleichermaßen gepflegt werden. Unsere Schönheit leidet, wenn wir uns nicht um unsere innere Essenz kümmern. Dann verwelkt die äußere Hülle und wir schauen durch leblose Augen, aus einer Seele, die nicht strahlt, mit einem Gesicht, das nur eine Maske ist. Wir werden älter und unser Äußeres verändert sich. Durch unsere innere Kraft und unser Leuchten gelangen wir zu einer neuen, reifen, kraftvollen Art der Schönheit. Daher gehören innere und äußere Pflege, Anwendungen, Rituale, Weiterbildungen und Treatments unmittelbar zusammen.

Reiki

Zu Reiki kam ich, als ich nach Wien gezogen bin, denn hier habe ich über meinen Freundeskreis die Reiki Lehrerin Jasmu-el gefunden, der ich vertraue und mit der ich begonnen habe diesen Weg zu beschreiten. Es ist für mich ein weiterer Schritt, um Körper und Geist zu stärken, auf natürliche Weise die Gesundheit zu erhalten und die innere Harmonie zu fördern, die uns strahlen lässt.

Reiki ist mehr als energetische Arbeit, es ist ein spiritueller Weg. Unser gesamtes Leben, unsere Gesundheit, unser Denken, unsere Ausstrahlung, unsere persönliche Entwicklung, selbst unsere Schönheit und jugendliche Energie profitieren davon.

Für mich ist diese energetische Technik besonders faszinierend, weil man sie bereits nach dem Abschluss des ersten Grades bei sich selbst und anderen auf körperlicher Ebene anwenden kann. Ab dem zweiten Reiki-Grad lernt der Schüler die Energie auch durch Zeit und Raum zu schicken. So können die Auswirkungen von traumatischen Erlebnissen in der Vergangenheit mit positiver Energie gemildert und gewandelt werden. Wenn ein schwieriger Termin bevorsteht, kann Energie in die Zukunft geschickt werden, um uns Kraft zu geben und einen positiven Verlauf zu unterstützen. Der dritte Grad ist der Meistergrad und dient der persönlichen Entwicklung des Lernenden.

Reiki ist die Übertragung von universeller Lebensenergie durch auflegen der Hände. Woher der Reiki-Meister die Energie nimmt, bleibt seiner eigenen Spiritualität und seinem Glauben überlassen. Aus der Natur, aus dem Universum oder von Gott. Sie weckt und unterstützt die Selbstheilungskräfte des Körpers und harmonisiert Körper und Seele. Die Behandlung ist herrlich entspannend und kann bei jeder Krankheit oder einfach nur zum Aufladen der »Akkus« angewendet werden. Sie gibt Kraft in Stresszeiten und beruhigt. Die Anspannungen fallen ab, und Blockaden werden gelöst. Außerdem wirkt sie sich positiv und regulierend auf die Verdauung und andere Körperfunktionen aus. Der Körper wird mit Energie versorgt und der Stoffwechsel angekurbelt. Von Erkältungen, Halsschmerzen und Verdauungsbeschwerden bis zu Verletzungen und Entzündungen kann alles in Angriff genommen und ausgemerzt werden.

Ich lade auch mein Essen mit Reiki-Energie auf, das fördert die Bekömmlichkeit und gibt zusätzlich Kraft.

Um meine Haut besser zu durchbluten und zu straffen wende ich Reiki an, indem ich meine Hände mit ein paar Zentimetern Abstand vor mein Gesicht halte und die Energie einige Minuten wirken lasse. So werden auch dunkle Ringe um die Augen und störende Tränensäcke gemildert. Selbst Unreinheiten der Haut oder trockene Stellen verschwinden.

Nach jeder Behandlung sollte viel Flüssigkeit getrunken werden, da Gifte und Schlacken ausgeschieden werden müssen. Das hat gleichzeitig auch einen positiven Einfluss auf unsere Figur und unser Gewicht.

Dr. Mikao Usui, der Begründer der Reiki-Lehre bezeichnete Reiki als: »Die geheime Kunst das Glück einzuladen, die wunderbare Medizin für alle Krankheiten«.

Bei der Behandlung durch einen Energetiker liegt der Patient auf einer Massageliege oder sitzt entspannt auf einem Sessel, während die Hände des Energetikers über dem Körper schweben und die Energie auf die Chakren oder bestimmte Körperstellen übertragen wird. Ich empfinde die Hände als warm bis heiß, manchmal fühle ich ein angenehmes Kribbeln oder Pulsieren. Sollte eine Körperstelle kalt werden, so ist das ein Zeichen für chronische Beschwerden.

Bei den Klängen von entspannender Musik und dem angenehmen Geruch von Ätherischen Ölen kann ich so richtig loslassen und entspannen. Es ist nicht nötig, sich auszuziehen, die Reiki-Energie durchdringt die Kleidung. Eine Ganzkörperbehandlung dauert bis zu einer Stunde, es gibt aber auch, je nach Erfordernis, Kurzbehandlungen die circa zwanzig Minuten dauern und im Sitzen durchgeführt werden. Die Reiki-Lebensregeln lauten:

- Gerade heute sei froh und glücklich.
- Gerade heute freue dich.
- Gerade heute ist für dich gesorgt.
- Gerade heute lebe bewusst im Jetzt.
- Gerade heute nimm deine Segnungen dankbar an.
- Gerade heute verdiene dein Brot ehrlich.
- Gerade heute liebe deinen Nächsten, wie dich selbst.
- Gerade heute sei dankbar für alles und liebevoll zu allen Lebewesen.

GEISTIGE FITNESS

Wer jung bleiben will, darf nie aufhören Dinge auszuprobieren, die er schon immer machen wollte. Neugierde bedeutet Weiterentwicklung. Neugierig und hungrig auf Neues zu bleiben, heißt geistig fit und jung zu bleiben. Das Leben ist eine Entdeckungsreise.

Die Kunst besteht darin, die kindliche Lust am Neuen zu bewahren. Für mich wäre es undenkbar, stehen zu bleiben. Dabei geht es nicht darum, stundenlang zu lernen oder einen akademischen Titel zu erlangen. Es geht um einfache Dinge, und es geht um Spaß und Freude.

Bei meinem letzten Umzug entdeckte ich alle Sprachkursbücher wieder, die ich mir im Laufe der Zeit gekauft hatte. Hätte ich all die Sprachen gelernt, für die ich mich interessiert habe, könnte ich mich jetzt in sechs Sprachen unterhalten.

Ich habe aber festgestellt, dass ich einfach nicht gerne alleine lerne und mir dazu auch manchmal die Disziplin fehlt. Also habe ich mir einen Sprachkurs gesucht, der in Gruppen abgehalten wird. Bei der Gelegenheit habe ich dann auch gleich neue Freunde gefunden, und Freunde können erwiesenermaßen auch jung halten. Nach den Sprachkursen kommen dann die Sprachreisen. So einfach kann es sein.

Bücher helfen uns ebenfalls, geistig fit zu bleiben. Sie schüren unsere Neugier. Seit Kurzem bin ich stolze Besitzerin eines Büchereiausweises. Bei meinem ersten Besuch in der Wiener Hauptbibliothek ging es mir wie einem Kind im Bonbongeschäft. Ich wusste gar nicht, was ich mir zuerst ausborgen sollte. Um all die interessanten Bücher zu lesen, die ich jetzt schon ins Auge gefasst habe, müsste ich mindestens zweihundert Jahre alt werden. Ich verbringe Stunden mit Schmökern und Aussuchen. Jede Abteilung birgt Schätze, und das Beste daran ist, dass es praktisch nichts kostet. Mit einer einmaligen Jahresgebühr ist die Sache erledigt. Vom Sprachkurs bis zum Pflanzenbuch, vom Liebesroman bis zur Bibel, vom Reiseführer bis zum esoterischen Fachbuch, von Fotobüchern bis zu geschichtlichen Abhandlungen findet sich dort alles, was das Herz, oder vielmehr das Hirn, begehrt. Ich lasse mich inspirieren und entdecke alte, vergessene Leidenschaften wieder.

Ich frage mich regelmäßig, wann ich zum letzten Mal etwas zum ersten Mal gemacht habe.

Das Gehirn braucht Training wie ein Muskel. Ich liebe Gedächtnisübungen, die nicht nur mein Hirn fit halten, sondern auch mein Allgemeinwissen erweitern. Wie viele amerikanische Bundesstaaten kenne ich? Vielleicht auch noch in alphabetischer Reihenfolge? Mit Hauptstadt? Das Gleiche funktioniert auch mit afrikanischen Staaten von A wie Angola bis Z wie Zentralafrikanische Republik. Kenne ich alle römischen Ziffern? Wie steht es mit I, V, X, L, C, D, M und A? Auch Erinnerungen trainieren das Gehirn. Wie hießen die Schulkollegen in der Volksschule und wo saßen sie? Wie haben sie ausgesehen?

Ein weiteres breites Feld ist das Trainieren von Kopfrechenübungen. Sozusagen das Kleine Einmaleins für Fortgeschrittene. Ich staune immer wieder, wie viele Anleitungen für derartige Hirntrainings es in Bibliotheken und im Internet gibt. Es macht offensichtlich nicht nur mir Spaß, mich selbst zu fordern.

Rätsel, von Kreuzworträtseln über Zahlenrätsel bishin zu Bilderrätseln, gehören auch zu diesen Herausforderungen. Sie sind ebenfalls eine Möglichkeit, das Gehirn in Form zu halten. Gedächtnisübungen steigern auch die Konzentrationsfähigkeit. Sie versetzen uns rasch in die Lage, Namen, Zahlen, Fakten und Inhalte von Texten leichter zu erfassen, zu speichern und wiederzugeben. Konzentriertes Arbeiten fällt uns wieder leichter und unsere Merkfähigkeit wächst.

Wenn wir mit Allgemeinwissen, Rechenkenntnissen und schneller Reaktionsfähigkeit unsere Mitmenschen verblüffen, kann das auch nicht schaden. Und nur wer auch geistig fit und gesund bleibt, kann glaubhaft Jugendlichkeit und Schönheit ausstrahlen.

Kreativität ausleben

Ich kann es selbst kaum glauben: ich sitze hier und schreibe ein Buch. Es ist ein Abenteuer für mich, aber es macht mir sehr viel Freude. Ich schreibe gerne und hatte schon immer ein Buch für Notizen und Gedanken bei mir. Als ich die Chance bekam, ein echtes Buch zu schreiben, ergriff ich sie sofort.

Ich zähle mich zu den kreativen Menschen und habe das Glück, meine Talente nicht nur in mein Leben integrieren zu können, sondern damit auch einen Gutteil meines Lebensunterhaltes zu bestreiten. Meine Leidenschaft für Musik lebe ich seit fast zehn Jahren als DJane aus. Als solche habe ich etwa für das Modemagazin »Style Up Your Life« eine CD zusammengestellt und gemixt. Für diese CD habe ich mit meinen DJ-Kollegen Samir Maslo und Markus Emig meinen ersten eigenen Track eingespielt. Die Arbeit an unserem Song »The Touch of an Angel« war etwas ganz Besonderes für mich.

Wenn wir uns nicht in bestimmte Schubladen stecken lassen, sondern unserer Neugier und unseren Leidenschaften folgen, sowie uns unsere Wünsche erfüllen, bleiben wir jung.

Zu meinen Leidenschaften gehört auch die Fotografie. Seit 22 Jahren stehe ich vor der Kamera, da habe ich im Laufe der Jahre ein gewisses Auge für die Fotokunst entwickelt. Es gibt keinen Spaziergang, kein Event, keine Geburtstagsparty und keine Reise, die mich nicht fotografisch inspirieren. Das Spiel mit dem Motiv und dem Licht fördert mein Bewusstsein für die Schönheit der Natur, der Menschen und des Augenblicks. Kreativ zu sein und etwas von meinen Ideen an andere weitergeben zu können, ist für mich ein starker Motor.

Beim Ausleben der eigenen Kreativität kommt es nicht darauf an, auf einem Gebiet die oder der Beste zu sein. Wir müssen nicht singen wie Maria Callas, nicht malen wie Michelangelo, nicht musizieren wie ein Philharmoniker. Ausgelebte Kreativität ist immer eine Bereicherung für das Leben. Sie bedeutet ein Eintauchen in eine andere Welt und hält uns dadurch jung. Fotografieren, Goldschmieden,

Zeichnen, Malen, Gartengestaltung, Seifenherstellung – Angebote gibt es wirklich genug.

Eine Reise in die Vergangenheit kann uns Hinweise darauf geben, was zu uns passt und uns Spaß macht. Sie kann verborgene, vergessene oder durch den Alltag verschüttete Talente wieder zu Tage fördern. Was hat uns als Kind, als Jugendliche oder mit Mitte zwanzig interessiert, und was haben wir aus Zeitmangel auf »später« verschoben?

> *Später ist jetzt – worauf also warten? Viele von uns haben als Kind ein Instrument gespielt. Wie wäre es, damit wieder anzufangen? Wer einmal Gedichte geschrieben hat, der sollte es jetzt einfach wieder einmal versuchen.*

Machen wir das innere Kind in uns glücklich. Am einfachsten ist das, indem wir uns erinnern, was uns als Kind Spaß gemacht hat. Zu tanzen, zu malen, zu schreiben, neue Wörter zu erfinden oder laut zu singen. Die Freude und Begeisterung am Leben erhält uns jung und lebenshungrig.

Wo bin ich heute in zehn Jahren?

Um fit und aktiv zu bleiben brauchen wir ein Ziel, das wir erreichen wollen. Auf das wir hinarbeiten. Stehen zu bleiben oder sich einfach nur treiben zu lassen ist Gift für ein aktives Leben.

Ich habe gelernt, wie wichtig es ist, das Ruder selbst in die Hand zu nehmen, Entscheidungen zu treffen und die Richtung selbst zu bestimmen. Natürlich bin auch ich nicht vor Fehlentscheidungen gefeit und so manche Katastrophe hätte ich mir wohl sparen können, aber das gehört eben dazu.

Also stellen wir uns die Frage: Wo sehe ich mich heute in zehn Jahren? Was ist mein Ziel? Denken wir darüber nach und machen wir uns einen Plan, um das Ziel zu erreichen. Natürlich können unerwartete Ereignisse wieder alles über den Haufen werfen. Ein

Jobwechsel, Veränderungen in der Partnerschaft oder ein Umzug sind oft nicht eingeplant, aber notwendig. Dann müssen wir das Ziel eben neu definieren. Wir müssen nicht in jeder Minute unseres Lebens hinter unseren Zielen herhecheln, aber behalten wir sie im Hinterkopf und folgen wir unserer Vision.

JUNGBRUNNEN SCHLAF

Vor einigen Jahren fragte mich ein guter Freund, der Inhaber des Szeneclubs PACHA in München, ob er mir das Auflegen beibringen soll. Er wusste, dass ich Musik liebe und gerne im Musikbereich arbeiten wollte. Zur Sängerin hat mir jedoch immer der Mut gefehlt, vor Publikum aufzutreten. Ehrlich, der Gedanke auf einer Bühne zu stehen, nur mit einem Mikro ausgestattet, erzeugte bei mir Schweißausbrüche. Geschützt durch das DJ-Pult und mit der schnell erlernten Technik, habe ich, was damals als Hobby anfing, im Laufe der Jahre sehr erfolgreich ausgebaut. Seither lege ich, wie bereits erwähnt, regelmäßig auf Events und in den coolsten Clubs auf. Obwohl mir das sehr viel Spaß macht, hat es doch einen großen Nachteil mit sich gebracht, denn wenn ich viele Bookings an den Wochenenden habe, komme ich nicht zu meinen geliebten acht Stunden Schönheitsschlaf.

In meiner Zeit als Model ging ich meist schon früh zu Bett, denn wer diszipliniert um fünf Uhr morgens am Set sein will, muss ausgeschlafen sein. Durchtanzte Nächte sind vor einem Shooting ein absolutes No-Go. Erst durch meine Tätigkeit als DJane haben sich meine Schlafgewohnheiten verändert.

Durch berufliche Vernetzung kam ich vor einigen Jahren in Kontakt mit einer Firma, die Schlafsysteme herstellt. Die Firma hatte mich für einige PR-Termine als Testimonial gebucht. Ich lernte dabei ihren Inhaber, den Schlafpsychologen Günther W. Amann-Jennson kennen, und unterhielt mich ausgiebig mit ihm über die Wichtigkeit des Schlafes. Er war es auch, der mir schließlich einen Weg zeigte, den durch das Auflegen verursachten Schlafmangel auszugleichen.

Neueste wissenschaftliche Forschungsergebnisse zeigen, dass neunzig Prozent unserer Gesundheit von der Qualität unseres Schlafes abhängen. Ein langer, erholsamer Schlaf stärkt unser Immunsystem. Die Zahl der Abwehrzellen steigt und Krankheitserreger und Bakterien können besser bekämpft werden.

Unser Körper regeneriert und vitalisiert sich am besten, wenn wir zwischen 22.00 und 23.00 Uhr einschlafen, denn die Tiefschlafphase braucht Anlaufzeit. Ich muss zugeben, dass ich das nur selten schaffe, denn meine beruflichen Verpflichtungen dauern oft bis in die Nacht hinein und halten mich lange wach. An den Abenden, an denen ich keine langen Bookings habe, hole ich das Versäumte nach und genieße meinen Schlaf.

Wir schlafen in Wellen, beginnend mit der Einschlafphase. Dann folgt die erholsame Traum- und Tiefschlafphase. In dieser erfolgt die Reparaturarbeit, und das Wachstumshormon HGH wird aktiv: Es teilen sich die Zellen der oberen Hautschicht, und Muskeln, Knochen und Gewebe regenerieren sich. Abgestorbene Zellen werden abtransportiert, neue gebildet. Unsere Haut erholt sich im Schlaf bis zu siebenmal schneller als am Tag.

Im Schlaf funktioniert unser Organismus im Sparmodus. Verdauung, Atmung und Blutdruck verlangsamen sich. Der Stresshemmer DHEA und das Wachstumshormon HGH verhelfen uns im Schlaf auch zu einer besseren Figur, da sie wesentlich am Fettabbau beteiligt sind.

Schlaf ist ein Jungbrunnen. Schlaflosigkeit ist daher Gift für unseren Körper und unser Aussehen. Die häufigsten Ursachen für Schlafstörungen sind Stress, Ärger, Koffein, Nikotin und Alkohol, Depressionen und eine Überfunktion der Schilddrüse.

Wenn ich nun einmal nicht zu meinem ausreichenden Nachtschlaf komme, ist es mir wichtig, während des Tages ein paar »Powernaps« von zehn bis fünfzehn Minuten zu halten. Das kann ich mittlerweile gut, beim Taxifahren oder bei Pausen auf Shootings und bei längeren Wartezeiten vor meinen Terminen.

Das körpereigene Hormon Melatonin, das eine stark antioxidative und verjüngende Wirkung hat, wird praktisch nur bei Dunkelheit gebildet. Den besten Schönheitsschlaf bekomme ich daher nur nachts und hole ihn mir, so oft es geht.

Der Schlaf ist unsere Energietankstelle. Körper und Gehirn füllen ihre Speicher auf, um tagsüber Leistung bringen zu können. Nach einer schlaflosen Nacht sind wir müde und gereizt, wir sind nur begrenzt aufnahmefähig und können uns nur schlecht konzentrieren. Wir sind weniger belastbar, weil unser Schlafverhalten die körperliche Leistungsfähigkeit beeinflusst. Nur ein gesunder und langer Schlaf garantiert einen ausgeglichenen Energiepegel. Ohne diesen müssen wir schnell auf unsere Reserven zurückgreifen. Wer kraftvoll durch den Tag will, muss sich nachts die Energie dafür holen.

Durch die ausreichende Ausschüttung von Wachstumshormonen wirkt Schlaf der Faltenbildung entgegen. Schlafentzug schränkt die Produktion des Wachstumshormons ein, die Haut wird nicht ausreichend regeneriert, und die Müdigkeit ist uns schnell anzusehen. Wir wirken fahl und bleich, unsere Haut wird dünner und es kommt zu Faltenbildung. Wenn die in den kleinen Blutgefäßen angesammelten Abfallstoffe nachts nicht genügend abtransportiert werden, weiten sich die Blutgefäße und auf der dünnen Haut unter unseren Augen machen sich bald unschöne Ringe bemerkbar.

Im nächtlichen Schlaf wird auch das Körperfett verbrennende Wachstumshormon Somatotropin freigegeben. Das Anti-Aging-Hormon wirkt auf den Eiweiß-, Kohlenhydrat- und Fettstoffwechsel. Ein gestörtes Schlafverhalten kann so negative Auswirkungen auf den Stoffwechsel und den Fettabbau haben.

Die Begriffe »Schönheitsschlaf« und »Anti-Aging-Schlaf« haben also aus vielerlei Gründen ihre Berechtigung. Denn unsere Haut, unsere Figur, unser Organismus, unsere Ausstrahlung und unsere Energie sind auf einen gesunden, tiefen Schlaf angewiesen. Meine Tipps für den Anti-Aging-Schlaf:

Störquellen entfernen. In unserem Schlafzimmer sollte sich nichts befinden, was unseren Schlaf stören könnte. Laut tickende Uhren, klappernde Jalousien oder ein quietschendes Bett können beim Einschlafen nerven und haben daher nichts im Schlafzimmer verloren. Das Handy gehört weder in das, noch neben das Bett.

Fixer Rhythmus. Ein Schlafrhythmus mit festen Zeiten für das Zubettgehen und Aufstehen ist wichtig, und wir sollten versuchen, ihn nach Möglichkeit einzuhalten.

Besser liegen. Bei Matratze und Kopfkissen sollten wir nicht sparen. Beides lassen wir von einer Fachberatung auf uns abstimmen.

Keine Aufregung. Sport, ein spannender Fernsehkrimi oder stressige Arbeiten haben kurz vor dem Schlafengehen eine aufputschende Wirkung. Meditation oder das Lesen eines Buches sind besser geeignet, uns zu entspannen und zur Ruhe kommen zu lassen. Eine schöne Einschlafhilfe ist für mich die CD »The Missing Link« von Roy Martina. Wenn irgend möglich vermeiden wir Koffein, Alkohol und schweres Essen zu später Stunde. Der Körper ist damit überfordert und die Qualität des Schlafes leidet.

Kein Druck. Auch wenn wir wissen, dass wir nicht genug Stunden Schlaf bekommen werden, setzen wir uns nicht unter Druck und vermeiden den Blick zum Wecker im Viertel-Stunden-Takt.

Gedanken abschalten. Sorgen und Probleme können warten – nachts im Bett können wir sie ohnehin nicht lösen. Ich achte beim Einschlafen stattdessen auf meinen Atem und denke an etwas Schönes, das mir ein gutes Gefühl gibt. Wenn meine Gedanken nicht stoppen wollen, zähle ich von fünfzig langsam rückwärts bis eins. Diese Technik ist abgeleitet aus der Silva-Mind-Methode und hat mir schon oft geholfen, meine Gedanken ruhig werden zu lassen.

Richtige Temperatur. Die ideale Temperatur im Schlafzimmer liegt bei achtzehn Grad. Frische Luft ist auch im Schlaf wichtig, daher sollte der Raum morgens und abends gelüftet werden.

GESUND UND JUNG

Als Kind war ich oft krank. Ich war zwar ein sehr aufgewecktes Kind, aber auch sehr zart, klein und dünn. Meine Mutter schickte mich sogar einmal für sechs Wochen in einen Aufbauurlaub an die Nordsee. Dort sollte ich »gemästet« werden, in einem Zeltlager mit geschätzten fünfhundert anderen Jugendlichen, die, wie ich mich heute erinnere, gar nicht so dürr waren wie ich. Nach den ersten vier Wochen hatte ich zwar meine allerersten vorpubertären Knutschflecken am Hals, doch Gewicht zugelegt hatte ich nicht. Stattdessen wurde ich krank!

Meine chronische Mandelentzündung brach wieder aus. Das Ergebnis war, dass ich ganz alleine im Krankenlager zurückblieb und danach noch dünner und zierlicher war als zuvor.

Meine immer wiederkehrende Angina wurde einmal im Quartal mit Hammerantibiotika behandelt. Dass dies langwierige Folgen haben würde, war mir und vor allem meiner Mutter damals noch nicht bewusst. Heute weiß ich, dass dadurch meine Darmflora geschädigt und überbelastet wurde und dass dies der Nährboden für Bakterien war, die unter anderem einen Candida-Befall verursachten, der mich später heimsuchte. Ich war ständig müde, denn ich litt unter einem chronischen Erschöpfungssyndrom. Andauernd hatte ich Migräne, und meine Haut war vor allem um die Augen allergisch und rot.

Meinen Körper mit Antibiotika und Kortison zu bombardieren war aus Sicht der Schulmediziner die einzige Möglichkeit, um meiner Krankheiten Herr zu werden. An die Spätfolgen und Nebenwirkungen dachten sie dabei allerdings nicht, beziehungsweise sie wurden eben in Kauf genommen.

Heute weiß ich, dass beides nicht hätte sein müssen und eine Kombination aus Vorbeugung, gesunder Ernährung und einer sanfteren, alternativen Therapie mir viel erspart hätte.

Alternative Unterstützung für die Gesundheit

Von uns Models wird erwartet, dass wir frisch, gesund und fit am Set erscheinen. Der Kunde, der ein Model für eine große Kampagne bucht, hat kein Verständnis für verschwollene, gerötete Augen, eine laufende Nase oder andere Wehwehchen. Ich habe mich mit den verschiedensten Heilmethoden und Stärkungen für das Immunsystem befasst. Und glauben Sie mir, nach meinem ersten Bademodenshooting am Traumstrand bei nur zwölf Grad wusste ich, was ein funktionierendes Immunsystem wert ist. Häufiger Klimawechsel und die Aircondition im Flugzeug sind auf Dauer ebenfalls eine enorme Belastung.

Ich habe ein paar Tipps, Methoden und Anwendungen zusammengestellt, die ich in meinen Alltag integriert habe und die mir seit Jahren mein Leben erleichtern. Natürlich reagieren nicht alle Menschen gleich – manche schwören auf ein Mittel, das bei anderen nur eine schwache Wirkung zeigt oder das ihnen vielleicht einfach nicht zusagt. Am besten ist es, sich durchzuprobieren und zu übernehmen, was einem gefällt und nützt.

Beeren statt Botox – die Gojibeere

Sie ist klein, rot und vollgepackt mit wertvollen Inhaltsstoffen. Sie lässt uns jung und gesund aussehen. Anti-Aging in Form einer unscheinbaren Beere.

Das Hauptanbaugebiet der Gojibeere liegt in China, in der Region Ningxia am Gelben Fluss. Es gibt etwa achtzig verschiedene Sorten, von denen die Beere aus Ningxia die Nährstoffreichste ist, da für die Bewässerung der Felder das Wasser des Flusses benutzt und so die Erde mit Mineralstoffen versorgt wird.

Seit Jahrtausenden weiß man in China um die Wirksamkeit der Gojibeere gegen Krankheiten. In unseren Breitengraden wurde sie erst in den letzten Jahren richtig bekannt. Da die Beeren wegen der steigenden Nachfrage nun auch schon in Supermärkten zu Billigpreisen angeboten werden, ist es wichtig zu kontrollieren, woher sie stammen. Genaues Hinschauen lohnt sich, denn in der Qualität gibt es große Unterschiede.

Doch was kann das kleine Wunderding wirklich? Das Nährstoffprofil der Super-Beere sucht seinesgleichen, in ihr stecken nämlich die Vitamine B1, B2, B3, B5, Vitamin C, Beta-Carotin und das Provitamin A. Weiters dreißig verschiedene Mineralien und Spurenelemente wie Kalzium, Kalium, Magnesium und Phosphor, sowie Zink, Kupfer, Selen, Eisen, Mangan und Chrom. Doch das ist noch nicht alles, die Beere kann auch noch mit sekundären Pflanzenstoffen und essenziellen Aminosäuren, essenziellen Fettsäuren, Kohlenhydraten und Ballaststoffen aufwarten. Die Gojibeere ist besonders für Vegetarier und Veganer interessant, denn sie verfügt über einen enormen Proteinreichtum, der Mangelerscheinungen vorbeugt.

Nicht nur die einzelnen Inhaltsstoffe machen die kleine Beere einzigartig, es liegt auch an der Kombination und am harmonischen Zusammenspiel der wertvollen Substanzen. Es ist diese Kompaktheit, die mich so fasziniert. Ich muss keine verschiedenen Pülverchen sorgsam über den Tag verteilt einnehmen, es genügt, eine Handvoll Gojibeeren in den Mund zu stecken und gut zu kauen – und dabei schmecken sie auch noch gut. Wer gerne etwas Abwechslung hat, kann auch zwischendurch auf Gojisaft umsteigen.

> *Zumindest bei mir vertreibt ein kleines Glas Goji-Saft am Morgen Kummer und Sorgen. Der Körper bekommt damit alles, was er braucht, um gesund und jung zu bleiben.*

Eine Handvoll Gojibeeren deckt den Tagesbedarf an Vitaminen, Mineralstoffen und Spurenelementen. Da sie einen niedrigen glykämischen Wert haben, sind sie auch für Diabetiker besonders wertvoll.

Die Beere kann also auch für unsere Schönheit so einiges tun. Sie schützt unsere Haut von innen vor Sonnenlicht und den freien

Radikalen. Da sie keinen schädlichen Zucker enthält, können wir zwischendurch von ihr naschen, ohne an Gewicht zuzulegen. Das enthaltene Zink unterstützt den Aufbau des Bindegewebes und hilft so, die Haut straff und fest zu halten. Außerdem schützt es vor hässlichen Altersflecken. Ein wahrer Jungbrunnen.

Die Wunderbeere kann sogar noch mehr: Ihr Ruf als Potenzmittel bei Männern ist durchaus gerechtfertigt. Sie steigert die Fruchtbarkeit und wird auch gerne als Aphrodisiakum genommen. Die Ausschüttung der Sexualhormone bringt wieder Leben in das Schlafzimmer, ohne dabei gefährliche Nebenwirkungen zu haben. Auch bei Prostata- und Blasenbeschwerden können Gojibeeren helfen.

Goji-Rezepte

Wer die kleine rote Nährstoffbombe nicht nur getrocknet und pur kauen möchte, dem stehen alle Möglichkeiten offen, sie in seine Lieblingsgerichte einzubauen. Wenn die Beeren vor Verwendung mindestens zwanzig Minuten im Wasser liegen, sind sie schön weich.

Einfach ein paar Teelöffel Gojibeeren über das Lieblingsmüsli oder den Salat streuen. Ob in Suppen oder in Soßen, die Gojibeere passt in jede Speise. Die wohlschmeckenden Beeren können auch für Desserts verwendet werden, sogar Kuchen und Muffins lassen sich damit backen. Der Kreativität sind hier keine Grenzen gesetzt.

Goji-Bananen-Milch

½ l Sojamilch
1–2 Bananen, je nach Größe
2–3 EL Gojibeeren
Saft einer ½ Zitrone oder Limette

Die Beeren vorher für mindestens zwanzig Minuten einweichen. Je länger, desto besser, denn dann können auch die Kerne aufgeweicht werden. Danach alles gut durchmixen, bis nur noch kleine Stückchen übrig sind. Schmeckt toll und kann zu jeder Tageszeit getrunken werden.

Wichtig: Die kleinen Kerne sollten auf jeden Fall zerkaut und mitgegessen werden, denn sie sind voll von essenziellen Fettsäuren.

Gojibeerentee

2 EL Gojibeeren
3 Scheiben Ingwer
Saft einer ½ Orange
1 TL Honig

Beeren und Ingwer mit heißem Wasser übergießen und ein paar Minuten ziehen lassen. Danach den Orangensaft und den Honig dazugeben. Im Winter mit einer Brise Zimt verfeinern. Ausgekühlt und mit Eiswürfeln serviert ist der Gojitee ein ideales Sommergetränk.

Griechischer Gojisalat

1 Gurke
2–3 Tomaten
2–3 Jungzwiebel
200 g Schafkäse
1 EL geröstete Kürbiskerne
2 EL Gojibeeren
Frische Kräuter
Olivenöl
Essig
Pfeffer & etwas Meersalz

Ich beträufle die Beeren vorher mit etwas Olivenöl, dadurch werden sie weich und saugen den Essig nicht auf.

Schüßler-Salze

Der Name »Schüßler-Salze« geht auf den homöopathischen Arzt Dr. Wilhelm Schüßler zurück, dessen Theorie besagt, dass die Zellen des Körpers, um gesund zu bleiben und zu funktionieren, Mineralsalze benötigen. Kommt es zu einer Störung des Mineralstoffhaushalts, erkranken wir. Dr. Schüßler entwickelte die Salze, um Mängel auszugleichen und so Krankheiten zu heilen oder vorzubeugen.

Meine Großmutter, die 98 Jahre alt wurde und bis zu guter Letzt in ihrem Garten herumwuselte, war für mich immer ein Vorbild an Vitalität. Sie und mein Großvater gingen regelmäßig zur Kneipp-Kur. Ich habe meine Großmutter nie krank gesehen, rückblickend liegt das sicher auch daran, dass sie viel über Homöopathie und alternative Medizin wusste. So standen zum Beispiel in ihrem Bad nicht nur die typischen Cremetöpfchen, sondern auch kleine Fläschchen mit geheimnisvollen Kügelchen. Heute weiß ich, dass es sich dabei um Schüßler-Salze handelte.

Die Salze werden vor allem in Tablettenform angeboten. Da diese Tabletten aber aus Milchzucker bestehen, empfiehlt sich für Menschen mit Laktoseintoleranz die Einnahme als Tropfen oder Globuli. Weiters gibt es sie auch als Salben oder Cremes zur äußerlichen Anwendung.

Am bekanntesten ist der Einsatz von Schüßler-Salzen zur Stärkung des Immunsystems, sie eignen sich aber auch hervorragend zur Schönheitspflege, zum Beispiel zur Vorbeugung und Behandlung von Cellulite, gegen trockene Haut, Faltenbildung, Übergewicht, Bindegewebsschwäche, Akne und so weiter.

Eine Kombination mehrerer Schüßler-Salze zum Einnehmen sowie die zusätzliche Anwendung einer Schüßler-Salz-Creme ist bei Anwendungen zur Schönheitspflege am wirkungsvollsten.

Die Schüßler-Salze teilen sich in zwölf Funktionsmittel und fünfzehn Ergänzungsmittel. Für gewöhnlich nimmt man drei bis sechs Mal täglich ein bis zwei Tabletten ein. Von den Globuli werden fünf pro Tablette genommen, für Tropfen gilt das Gleiche. Die

Tabletten nacheinander in den Mund nehmen und langsam zergehen lassen. Danach ist es ratsam, mindestens ein Glas Wasser zu trinken, damit der Körper eventuelle Giftstoffe ausscheiden kann.

Schüßler-Salze für Jugend und Schönheit

Die vorgeschlagenen Salze können beliebig und je nach Erfordernis miteinander kombiniert werden, jedoch sind nie mehr als drei Salze gleichzeitig zu empfehlen.

Cellulite:
Zum Einnehmen: Nr. 8, Nr. 9 und Nr. 11
Als Creme: Nr. 11

Falten:
Zum Einnehmen Nr. 1, Nr. 11 und Nr. 19
Als Creme: Nr. 1 und Nr. 11

Bindegewebsschwäche:
Zum Einnehmen: Nr. 1, Nr. 8, Nr. 11, Nr. 17, Nr. 18 und Nr. 19
Als Creme: Nr. 11

Besenreiser:
Zum Einnehmen: Nr. 4
Als Creme: Nr. 4

Pickel:
Zum Einnehmen: Nr. 1, Nr. 3, Nr. 4 , Nr. 10, Nr. 12, Nr. 14, Nr. 15, Nr. 21 und Nr. 24
Als Creme: Nr. 12, Nr. 14, Nr. 15, Nr. 21, Nr. 24

Trockene Haut:
Zum Einnehmen: Nr. 8 und Nr.20
Als Creme: Nr. 8 und Nr. 20

Gegen trockene Haut und als Vorbeugung gegen Falten können Schüßler-Salz-Cremes und -Salben auch als Gesichtsmasken angewendet werden.

> *Ich trage die gewünschte Creme dick im Gesicht auf und lasse sie circa 10–20 Minuten einwirken. Danach entferne ich die Creme mit einem weichen Tuch und massiere etwaige Reste in die Haut ein.*

Es können auch mehrere Cremes zusammengemischt und gemeinsam aufgetragen werden. Die Gesichtsmasken können 1–2 Mal pro Woche angewendet werden. Da Schüßler-Salz-Cremes und -Salben sehr fetthaltig sind, ist die Anwendung bei fetter Haut nicht zu empfehlen, weil sich die Poren verstopfen können.

Augentraining

Für mich als gelernte Augenoptikerin ist dieses Thema doppelt spannend. Die Gesundheit unserer Augen liegt in unserer Verantwortung. Durch eine gesunde, nährstoffreiche Ernährung und einfache Übungen können wir Reizungen, Verspannungen und der Verschlechterung der Sehkraft entgegenwirken.

Während meiner Ausbildung waren Augentraining und die Gesunderhaltung der Augen durch richtige Ernährung noch nicht allgemein bekannt. Wer schlecht sah, bekam eine Sehhilfe in Form einer Brille oder wahlweise Kontaktlinsen. Wurden die Augen schlechter, wurde die Brille angepasst. Ein Prinzip, das bis heute gilt. Das Tragen einer Brille oder von Kontaktlinsen bedeutet immer eine Einschränkung der Lebensqualität. Ich denke oft, der einzige wirkliche Nachteil des Älterwerdens ist, dass ab einem bestimmten Alter eine Lesebrille unerlässlich wird. Aber vielleicht muss das gar nicht sein.

Unsere Augen sind oft überbeansprucht und müde. Wir haben Verspannungen im Gesicht und im Nacken, die uns quälen und

Einfluss auf unser Sehvermögen haben. Um die Augen gesund zu halten, können wir selbst mit einfachen Übungen helfen, sie zu entspannen.

Ein weiteres Übel sind Mangelerscheinungen durch Diäten und einseitige Ernährung, die sich negativ auf die Augen auswirken. Nur durch die optimale Versorgung mit Nährstoffen bleiben die Augen gesund. Es kann sogar sein, dass sich die Sehkraft wieder verbessert und die Brille im Schrank bleiben kann.

Für alle, die unter Symptomen wie Lichtempfindlichkeit, häufigen Kopfschmerzen, Kurz- oder Weitsichtigkeit, Nachtblindheit oder müden, brennenden Augen leiden, lohnt es sich, mit den Übungen zu beginnen und zu lernen, welche Nährstoffe für die Gesundheit der Augen wichtig sind.

Ich selbst trage eine Brille und habe sogar mehrere schicke Modelle, doch beim Sport, im Urlaub oder bei Galas würde ich gerne darauf verzichten können. Auch schmerzende und trockene Augen kenne ich nur allzu gut. Also habe ich mit dem Augentraining begonnen, um die Symptome zu mildern und den Alterungsprozess der Augen aufzuschieben. So lassen sich auch die kleinen Fältchen um die Augen und auf der Stirn bekämpfen, die entstehen, wenn wir andauernd die Augen zusammenkneifen oder unbewusst reiben, und die uns älter aussehen lassen, als wir sind.

Es gibt mehrere Übungen, die sich ganz leicht in den Tagesablauf einbauen lassen. Sie können zu jedem beliebigen Zeitpunkt gemacht werden, wichtig ist aber auch hier, sie konsequent und regelmäßig durchzuführen. Wir können dafür zum Beispiel kleine Pausen während der Arbeitszeit nutzen oder die Wartezeiten bei Bus oder U-Bahn. Morgens, mittags, abends: nehmen wir uns dafür Zeit.

Durch das Trainieren der Augen wird die Augenmuskulatur gestärkt und das Auge wird entspannt. Die Übungen beschränken sich jedoch nicht nur auf die Augen selbst, sondern fördern die Entspannung des ganzen Körpers.

Brillen- oder Kontaktlinsenträger sollten ihre Sehhilfen vor Übungsbeginn ab- bzw. herausnehmen. Nun ist es wichtig zu entspannen und tief durchzuatmen, das Fenster zu öffnen und frische Luft ins Zimmer zu lassen. Nach ein paar Augenblicken können wir beginnen.

Lockerungsübung. Für mich die ideale Übung für den Morgen. Nach dem Aufwachen bleibe ich mit geschlossenen Augen liegen. Ich klopfe mit den Fingerspitzen beider Hände schnell und wellenartig die Region rund um die Augen ab. Ich beklopfe die Augenbrauen und den Knochen darunter und darüber, wandere weiter über die Schläfen bis unter die Augen und danach bis zum Nasenrücken. Am Ende der Klopfübung öffne ich die Augen und blinzele, danach richte ich den Blick in die Ferne. Diese Übung hilft auch gegen geschwollene Augen und unschöne Tränensäcke am Morgen.

Das Geheimnis der liegenden Acht. Diese Übungen dienen dazu, beide Gehirnhälften zu aktivieren. Bin ich Rechtshänder, hebe ich die rechte Hand, bin ich Linkshänder, die linke. Nun beginne ich mit dem Daumen eine liegende Acht zu malen. Nur die Augen verfolgen die Bewegung, der Kopf bleibt still. Im zweiten Teil der Übung schließe ich die Augen. Nun ist Fantasie gefragt. Ich stelle mir vor, mit der Nasenspitze eine liegende Acht zu malen. Den Kopf bewege ich langsam und sanft. Ich stelle mir vor, die Acht wäre grün, rot, gelb oder blau.. Durch diese Übungen bewegen und lockern sich, Augen und Muskulatur, der Nacken entspannt sich, und ich finde zu meiner Mitte.

Der Zauberstift. Ich stelle mir vor, auf meiner Nasenspitze säße ein Farbstift. Mit der Spitze dieses Stiftes zeichne ich langsam die Umrisse meines Umfeldes nach. Die Fenster, die Türe, Pflanzen, Lampen, Bücher und so weiter. Ich bewege den Kopf und lasse die Augen locker folgen. Um etwas Farbe in die Sache zu bringen, kann ich die Gegenstände auch mit bunten Linien umranden, einmal dicker, einmal feiner. Augen- und Nackenmuskulatur lockern sich. Für mich eine Wohltat nach ein paar Stunden im Fotostudio.

Blinzeln, blinzeln und noch einmal blinzeln. Bei dieser Übung bewege ich den Kopf langsam und fließend von rechts nach links und wieder zurück. ich sitze ganz locker und atme mit leicht geöffnetem Mund. Der Blick geht ins Leere, egal was mich umgibt. Nun beginne ich sanft zu blinzeln. Die Augenlider sollen wie die Flügelschläge eines Schmetterlings leicht flattern. Neben der Entspannung sorgt das Blinzeln für die Befeuchtung der Augen und hilft gegen Reizungen.

Palmieren. Diese Übung dient der Entspannung und ist eine der wichtigsten überhaupt. Ihr Name leitet sich von dem englischen Wort für Handfläche, »palm«, ab. Ich reibe die Handflächen aneinander bis sie warm sind und lege die warmen, gewölbten Hände über die geschlossenen Augen. Ich atme tief ein und entspanne mich. Ich genieße die Dunkelheit und die Wärme, die aus den Handflächen strömt. Schon ein paar Minuten genügen, um die Augen zu entspannen. Diese Übung regt die Bildung der Tränenflüssigkeit an und wirkt so trockenen Augen und Reizungen entgegen.

Augennahrung. Die Vitamine A, B2, B6, C und E, Omega-3-Fettsäuren-DHA, Omega-6-Fettsäuren, Zink, Luthein und Zeaxanthin schützen das Auge vor freien Radikalen und UV-Licht. Sie sorgen für einen ausgeglichenen Energiestoffwechsel und halten die Augenschleimhäute gesund. Wer seinen Körper nicht richtig mit Nährstoffen versorgt, riskiert Nachtblindheit, schlechtes Dämmerungssehen, Ermüdung der Augen, unscharfes Sehen und vieles mehr. Dabei ist es so einfach, dem Auge zu geben, was es braucht, um gesund zu bleiben: fettreiche Fische, Meeresfrüchte, Fleisch, Vollmilch, Eier, alle Obst-, Gemüse- und Kohlsorten, Spinat, Salate, Vollkornprodukte, Nüsse, Olivenöl, Walnussöl, Rapsöl. Es findet sich nichts Exotisches oder sündhaft Teures auf diesem Speiseplan. Das Geheimnis liegt in der Ausgewogenheit.

ATMEN WIR UNS JUNG

Wir machen es seit der ersten Sekunde, die wir auf Erden verbracht haben. Ganz automatisch. Und doch machen viele es falsch. Ohne Atmung wäre unser Leben unmöglich, sie unterstützt und stimuliert lebensnotwendige Prozesse in unserem Körper, wie den Stoffwechsel und die Versorgung des Blutes mit Sauerstoff.

Atmung ist Leben. In allen Kulturen und Religionen wird seit Anbeginn der Atem mit Leben gleichgesetzt, in der heutigen Zeit muss seine Bedeutung jedoch erst wieder erlernt werden. Wie wichtig die bewusste Atmung für Körper und Geist ist, habe ich in verschiedenen Meditationstechniken, im Yoga und sogar in der Augenschule gelernt. Wir können unseren Atem beeinflussen und kontrollieren, um ihn für unser Wohlbefinden zu nutzen.

Der Stress, dem wir täglich ausgesetzt sind, und die Belastungen im Alltag haben uns die richtige Atmung verlernen lassen. Etwa zwei Drittel der Menschen atmen falsch, was Folgen für die Gesundheit und das Wohlbefinden haben kann. Unsere Atmung ist zu flach und unsere Atemfrequenz ist zu hoch. Verspannungen, Konzentrationsschwäche und Kopfschmerzen können die Folgen sein. Auch Herz-Kreislauf-Probleme können ihre Ursache in einer falschen, zu flachen Atmung haben.

Aber nicht nur die alltägliche Überbelastung durch Stress ist der Auslöser, auch eine falsche Körperhaltung kann schuld daran sein. »Bauch rein, Brust heraus« ist das falsche Motto, um den Atem natürlich fließen zu lassen. Die Betonung liegt hier auf »natürlich«, denn eigentlich ist die richtige Atmung das Natürlichste der Welt.

Das erste Mal, als mir bewusst der Atem wegblieb, ich ein Kribbeln in Füßen und Händen spürte und eine Ohnmacht drohte, sollte ich gerade mit Jimmy Pop Ali, dem Sänger der Bloodhound Gang, eine Laudatio beim Musikpreis COMET halten. Es lag nicht nur an meiner Angst vor ihm – denn er war dafür berüchtigt, sich selbst oder auch Umstehenden plötzlich die Kleider vom Leib zu reißen. Zum ersten Mal hatte ich Lampenfieber und konnte es nicht kontrollieren. Seither kenne ich den direkten Zusammenhang zwischen meiner Psyche und meinem Atmungsverhalten.

Unser Atem wird schnell und flach, wenn wir uns ärgern. Die Stimmlage wird höher, weil wir ausschließlich in die Brust atmen. Auch Angst, Trauer und sogar übermäßige Freude können zu Atemlosigkeit führen. Wir halten die Luft an, wenn wir erschrecken oder aufgeregt sind.

Mit richtiger, ruhiger, tiefer Atmung können wir negative Gefühle bekämpfen.

Verlagern wir unsere Atmung bewusst von der Brust in den Bauchraum, hat dies einen positiven Einfluss auf die Vorgänge in unserem Körper. Durch die Bewegung des Zwerchfells wird nicht nur die Verdauung erleichtert und gefördert, was besonders bei Verstopfung oder Blähungen sehr hilfreich sein kann. Die inneren Organe werden massiert und ihre Tätigkeit positiv beeinflusst. Das hält uns von innen her jung. Es aktiviert die Selbstheilungskräfte und versorgt den Körper mit neuer Energie. Eine ruhige, tiefe Atmung ist eine wirksame Waffe gegen Stress und Unruhe.

Es gibt ein paar einfache und effiziente Übungen, die uns dabei helfen, das richtige Atmen zu erlernen und diesen Vorgang auch bewusst zu erleben.

Die Bauchatmung

In entspannter Rückenlage beginnen wir, in uns hinein zu fühlen. Wir nehmen unseren Körper wahr und achten bewusst auf Bedürfnisse und Veränderungen. Jetzt legen wir unsere Hände auf die Brust. Wir atmen durch die Nase ein und spüren, wie die Atemzüge den Brustkorb heben und senken. Die Lunge wird dabei nicht vollständig mit Luft gefüllt. Das bezeichnen wir als Brustatmung.

Danach legen wir unsere Hände auf den Unterbauch und atmen tief durch die Nase ein. Die Bauchdecke hebt sich, und wir spüren, wie die inneren Organe sich ausdehnen können, wie sie entlastet werden.

Die Lunge füllt sich nun ganz mit Luft und leert sich danach wieder. Diese Technik nennen wir Bauchatmung. Sie ist die weitaus effizientere, denn der Körper wird optimal mit Sauerstoff versorgt. Sie sollten den Unterschied zwischen den beiden Techniken spüren und aktiv einsetzen.

Die normale Atemfrequenz eines Erwachsenen liegt bei elf bis fünfzehn Atemzügen in der Minute. Im Ruhezustand sind es acht bis zwölf.

Um eine dämpfende, beruhigende Wirkung zu erzielen, reduziere ich die Atemfrequenz vorübergehend auf fünf bis sechs Atemzügen. So senke ich die Herzfrequenz, das tiefe Ausatmen entspannt mich zusätzlich.

Als ich ein Jahr lang live meine Verkaufsshow auf einem Homeshopping-Sender moderierte, fiel mir oft auf, dass ich vor Aufregung das Atmen komplett vergaß. Da waren es oft nur zwei bis drei Atemzüge in der Minute. Seitdem wende ich regelmäßig meine Atemübungen an, denn sie helfen mir gegen Lampenfieber bei großen Auftritten.

Wechselatmung

Eine der wirkungsvollsten Atemübungen, die ich aus dem Yoga kenne, ist die Wechselatmung. Diese kann gut in den Alltag eingebaut werden. Sie integriert beide Gehirnhälften, wirkt beruhigend und harmonisierend und stellt einen gleichmäßigen Atemfluss her.

Im Liegen verschließen wir mit dem rechten Daumen das rechte Nasenloch. Durch das linke Nasenloch atmen wir ein. Danach verschließen wir mit dem linken Daumen das linke Nasenloch und halten den Atem an. Nun atmen wir durch das rechte Nasenloch aus. In derselben Weise atmen wir anschließend durch das rechte Nasenloch ein und durch das linke Nasenloch aus und wiederholen das mehrfach. Mit etwas Übung kann die Zeit, die zum Ein-

und Ausatmen gebraucht wird, verlängert werden. Wir zählen beim Einatmen bis vier, halten die Luft an, bis wir bis acht gezählt haben und zählen beim Ausatmen erneut bis acht. Diese Übung sollten wir zehn Mal wiederholen. Mit der Zeit können wir uns auf zwanzig Wiederholungen steigern.

Keine Sorge, die anfängliche Angst, dabei zu ersticken, legt sich bald. Danach ist die Übung entspannend und befreiend. Sie lässt uns spüren, wie die Lebensenergie durch unseren Körper fließt.

Ätherische Öle

Jeder von uns verbindet mit bestimmten Düften und Gerüchen Erlebnisse und Eindrücke aus der Vergangenheit. Der Geruch der Wiese, über die wir als Kind gelaufen sind, erzeugt ein Gefühl der Harmonie und des Glücks. Das Parfum des Exfreundes ruft oft das Gegenteil hervor. Die Aromatherapie nutzt dieses Phänomen gezielt, um Gesundheit, Wohlbefinden und Stimmung zu beeinflussen. Bei angenehmen Düften wird die Atmung vertieft. Durch das »Schnüffeln« erfolgt die Atmung automatisch über die Nase. Sie wird langsamer und tiefer. Ruhe und eine Beruhigung der Atemfrequenz sind die Folge.

Einer meiner Lieblingsdüfte ist Lavendel. Er entspannt und beschwört Bilder von meinem Urlaub in der Provence herauf. Ich kann fast die Sonne Südfrankreichs spüren. Das Leben wird weit und leicht. Lavendel ist als Öl ein richtiger Allrounder. Bei Stress auf die Schläfen aufgetragen wirkt es entspannend. Bei Schlafstörungen gibt es nichts Besseres. Es hilft aber auch bei juckenden Insektenstichen, Fieberblasen, Verbrennungen und Entzündungen. In meiner Handtasche ist es immer mit dabei, immer einsatzbereit.

Ich liebe auch den Duft von Bergamotte. Er entführt mich ebenfalls in den Süden, ist jedoch nicht so lieblich wie Lavendel. Der Duft wirkt entspannend und stimmungsaufhellend. Bergamotteöl ist vielseitig einsetzbar. Zur Wunddesinfektion, bei entzündetem Zahnfleisch oder für Wadenwickel bei Fieber.

Wer nach Grapefruit oder Orange duftet, wirkt oft zehn Jahre jünger. Und den Frauen, die nach Vanille duften, liegen die Männer zu Füßen. Der balsamische Duft des Weihrauchs hat eine beruhigende, ausgleichende Wirkung und bringt Körper und Geist in Einklang. Das Öl wirkt entzündungshemmend und kann in Gesichtsmasken zur Hautverjüngung verwendet werden. Lemongras wirkt ausgleichend und regulierend, Eukalyptus anregend, aufmunternd und reinigend. Sandelholz euphorisiert und vertreibt Depressionen.

Für jedes Problem und für jede Aufgabe stehen also verschiedene Düfte zur Auswahl. Von denen suchen wir uns einfach den heraus, der uns zusagt und ein angenehmes Gefühl bei uns auslöst. Es werden auch spezielle Duftmischungen angeboten, die auf die Psyche wirken. Zur Förderung der Harmonie, zur Beruhigung und als Angstlöser.

Ich bevorzuge klare Mischungen, in denen nicht zu viele Inhaltsstoffe vermischt werden und sich überlagern. Ich möchte »erschnüffeln« können, welche Öle verwendet wurden. Sie verfliegen zu unterschiedlichen Zeitpunkten, einzelne Gerüche dominieren kurz und verschwinden, um anderen Platz zu machen.

Beim Kauf der Ätherischen Öle sollten wir unbedingt darauf achten, dass es sich um hundert Prozent reine Öle handelt, die aus biologischem Anbau stammen und schonend verarbeitet wurden. Verdünnte, minderwertige Öle haben nicht die gleiche Wirkung wie reine Öle. Der Duft wird oft als die Seele einer Pflanze bezeichnet. Diese muss ihr entlockt werden, nicht entrissen.

TRINKEN WIR UNS SCHÖN

Wir haben es schon von Dutzenden Supermodels und Schauspielerinnen gehört: Wasser ist ein wahrer Jungbrunnen. Trinken wir nicht ausreichend, rächt sich der Körper dafür. Stresserscheinungen, trockene Augen, Kopfschmerzen, Schwindelgefühle, ein trockener Mund und Konzentrationsmangel sind die Folge. Auch die Haut gibt uns zu verstehen, dass sie Durst hat: Falten und Runzeln sind das sichtbare Zeichen.

Die meisten Menschen trinken zu wenig, weil sie zwar ihre Ernährung im Auge behalten, nicht aber ihre Trinkgewohnheiten. Die Flüssigkeitszufuhr wird zu Unrecht stiefmütterlich behandelt, denn sie ist für den Körper und das Wohlbefinden ebenso wichtig wie die Nahrungsaufnahme.

Wenn der Körper mehr als 0,5 Prozent seines Gewichts in Form von Wasser verloren hat, entsteht als Alarmsignal das Durstgefühl. Bei dauerhaftem Flüssigkeitsmangel kann es zu ernsten Gesundheitsschäden kommen. Das Blut verdickt sich und der Körper wird nicht mehr richtig versorgt. Vor allem im Sommer ist es wichtig, ausreichend zu trinken. So ertragen wir die Hitze besser und können heiße Tage erst richtig genießen. Auch unsere Haut dankt es uns. Ob im heißen Wind des Sommers oder in der trockenen Luft während der Heizperiode, unsere Haut braucht dringend Flüssigkeit.

In meiner Nähe habe ich immer einen Krug mit stillem Wasser, das ich mit frischen Ingwerscheiben und Minzblättern aufpeppe. Ich stelle ihn vorher für eine Stunde in den Kühlschrank, das macht den Mix noch erfrischender. Der Anblick des vollen Kruges motiviert mich, meine Tagesdosis an Flüssigkeit auch wirklich einzuhalten.

Mir hilft es, die Getränke immer griffbereit zu haben, denn sonst verschiebe ich die Flüssigkeitsaufnahme trotz Durst auf später, weil ich nicht vom Schreibtisch aufstehen und in die Küche gehen will.

Ein erwachsener Mensch sollte zwei bis drei Liter Flüssigkeit am Tag trinken. Als Regel gilt: mindestens 30 bis 40 ml Wasser pro Kilogramm Körpergewicht. Bei Sport, Hitze oder anstrengender Arbeit ruhig auch mehr. Es kommt allerdings auch darauf an, was wir trinken. Wasser ist eindeutig die beste Wahl. Schon morgens nach dem Aufstehen trinke ich zwei Gläser warmes Wasser, das gleicht den Flüssigkeitsverlust der Nacht aus, und ich starte gut in den Tag. Bevor ich im Bad meine Zähne putze, koche ich mir schnell einen halben Liter Wasser auf. Das hat dann nach dem Duschen genau die richtige Temperatur. Wasserlösliche Schlacken, Giftstoffe und Krankheitserreger werden mit warmem Wasser schnell ausgeschieden. Das hilft beim Abnehmen und stärkt das Immunsystem.

Auch um meine Verdauung anzuregen, trinke ich gerne eine halbe Stunde vor dem Essen ein Glas warmes, abgekochtes Wasser.

Es ist reine Gewohnheitssache, ausreichend zu trinken. Vielen fällt es anfangs schwer, zwei Liter am Tag zu trinken, doch daran gewöhnt man sich bald.

Vorsicht ist bei Energy- und Softdrinks, alkoholischen Getränken, Schwarztee und Kaffee geboten, denn sie entziehen dem Körper Wasser. Getränke, die koffein- und teeinhaltig sind, sowie harntreibende Getränke regen die Nierentätigkeit an und die getrunkene Flüssigkeit wird sofort wieder ausgeschieden. Die Flüssigkeitsmenge muss mit Wasser wieder ausgeglichen werden. In italienischen und österreichischen Kaffeehäusern wird aus diesem Grund auch immer ein Glas Wasser zum Kaffee serviert. Ein deutliches Zeichen für Flüssigkeitsmangel ist eine trockene, fahle Haut, in die sich feine Fältchen eingraben. Wer ausreichend trinkt, versorgt die Hautzellen mit Flüssigkeit und sorgt für eine gute Durchblutung. Die Haut wirkt prall und strahlend. Reines Wasser ist ein echtes Schönheitselixier, das nicht nur Models, sondern uns allen dabei helfen kann, jung und gesund zu bleiben.

SEX HÄLT JUNG

Um es gleich am Anfang ganz deutlich zu sagen: Sex macht Spaß und zwar in jedem Alter. Ich würde sogar sagen, dass der Sex mit zunehmendem Alter besser wird. Die gesammelte Erfahrung kommt uns jetzt zu Gute und wir kennen unsere Bedürfnisse und Vorlieben. Sex hält uns fit und wir genießen es, begehrt zu werden – auch von jüngeren Männern.

Ab einem bestimmten Alter wurden Frauen früher nicht mehr als sexuelle Wesen wahrgenommen. Sie landeten in einer Schublade mit der Aufschrift »Mütterlicher Typ über vierzig« oder »Unverheirateter Tantentyp«. Als Frau mit sexuellen Wünschen und Bedürfnissen existierten sie nicht mehr. Dieses Bild hat sich in den letzten Jahren zum Glück gewandelt. Die Überschreitung der Vierzig heißt nicht, dass alles vorbei sein muss. Viele Frauen jenseits der vierzig sind attraktiv, sportlich und jung. Sie sind jung – nicht jung geblieben.

Warum sollte ein erfülltes Sexualleben ab einem bestimmten Alter auf einmal nicht mehr möglich sein? Die Erotik und Sinnlichkeit einer Frau stirbt nicht beim Ausblasen der vierzigsten Geburtstagskerze. Ganz im Gegenteil. Wir kennen unseren Körper und wissen, was uns guttut. Der naive Überschwang der Jugend wird durch reife Sinnlichkeit abgelöst. Haben wir uns früher auf Experimente eingelassen, die ins Nichts führten, so wissen wir jetzt, in welche Richtung wir wollen, und können es auch in vollen Zügen genießen und ausleben. Wir nehmen uns jetzt, was wir wollen.

Boy statt Botox

Wenn Sie ungebunden sind, dann gönnen Sie sich doch einmal den Luxus und den Spaß und flirten Sie mit jungen Männern.

> *Schnappen Sie sich doch so einen jungen Kerl und genießen Sie ihn. So ein Abenteuer mit einem jungen Mann wirkt*

wahre Wunder. Die Unbeschwertheit eines jungen Mannes ist erfrischend und steckt an.

Wollen Sie mit einem jungen Kerl um Mitternacht im Brunnen tanzen, wird es ein prickelndes Erlebnis, das Sie das Leben mit jeder Faser spüren lässt. Ein älterer Mann denkt wahrscheinlich an nasse, kalte Socken und eine ruinierte Hose, bevor er Ihnen die Idee mit Vernunftgründen wieder ausredet. Wollen Sie sinnliche Stunden, die ihnen die Jugend zurückbringen und Sex, ohne an eine längerfristige Beziehung zu denken, dann probieren Sie ihr Glück mit einem jüngeren Mann.

Für eine harmonische, reife und langfristige Beziehung sollten wir uns eher in unserer eigenen Altersgruppe umsehen, auch wenn es in der Welt der Promis mittlerweile einige Beziehungen zwischen Frauen und jüngeren Männern gibt, die durchaus von Dauer sind. Ich denke da zum Beispiel an Sharon Stone, Jennifer Lopez und Mariah Carey oder deutsche prominente Damen wie Natascha Ochsenknecht, Iris Berben und Simone Thomalla.

Ich weiß, was ich will

Bei der Suche nach einem neuen Partner stellt einem die eigene Erfahrung oft ein Bein. Waren wir mit Anfang zwanzig noch unerfahren und neugierig, so haben wir ab einem bestimmten Alter das Gefühl, alles schon einmal erlebt zu haben. An einem Abend mit Freundinnen in einer Bar genügt oft schon ein Blick auf die anwesenden Herren, um genau zu wissen, was uns bevorstünde. Wir kennen die verschiedenen Typen und Charaktere.

Und doch – manchmal treffen wir ein Exemplar, das das Interesse weckt und uns alle guten Vorsätze vergessen lässt. Die Fantasie arbeitet, und die Hormone zischen durch die Blutbahn. Das berühmte Prickeln und Kribbeln ist wieder da. Wir haben mehr Selbstbewusstsein und Erfahrung als noch vor einigen Jahren, aber auch bestimmte Erwartungen an den Mann und an uns selbst.

Viele von uns haben eine kleine, bösartige Stimme in unserem Hinterkopf, die uns Selbstzweifel einredet. Sie lässt uns fragen: Sieht mein Po dick aus? Habe ich Falten am Bauch? Sieht er die Cellulite an meinen Oberschenkeln? Hängt mein Busen?

Sex zur Mittagszeit in einem sonnendurchfluteten Schlafzimmer kann da schon zur Herausforderung werden. Wenn wir auf die Stimme hören, laufen wir Gefahr, die schönsten Dinge im Leben zu verpassen. Ich sage also: Schenken wir ihr keine Beachtung! Er weiß, dass wir keine siebzehn mehr sind, und notfalls gibt es Vorhänge, die wir aus Diskretionsgründen zuziehen können. Außerdem: Sieht der Mann unserer Wahl aus wie der junge Alain Delon? Nein? Warum wollen wir dann aussehen wie die junge Romy Schneider? Bringen wir unseren Kopf zum Schweigen und lassen wir die Hüllen fallen.

Nun geht es zur Sache. Hatten wir als junge Mädchen noch einige Rendezvous zu absolvieren, um dem Anstand Genüge zu tun, so können wir nun die Abkürzung nehmen. Spätestens beim zweiten oder dritten Treffen sollte alles klar sein. Zeit ist Geld, und wir haben keines von beidem zu verschenken.

Zwei Menschen, die wissen, was sie wollen und was ihnen gefällt, sollten keine Schwierigkeiten haben, sich gegenseitig Vergnügen zu bereiten. Wir müssen unseren Partnern zeigen, was uns gefällt, und uns ebenso auf sie einlassen. Auch wenn wir bereits genau wissen, was uns gefällt, sind wir noch nicht zu alt, um Neues auszuprobieren. Warum denn nicht zum Beispiel Sex mit verbundenen Augen? Diese kleine Spielerei erhöht den Erotikfaktor im Schlafzimmer. Werden wir zu der Femme fatale oder Göttin, die wir immer schon sein wollten! Neugierig und offen zu bleiben, ist eines der Geheimnisse für eine jugendliche Ausstrahlung. Sie sind die Regisseurin ihres Kopfkinos!

Intimbereich

Das Geheimnis eines gesunden Intimbereichs liegt in einer Kombination aus Praxis und Pflege. Wichtig ist auch hier der bewusste Umgang mit dem Körper. Keine falsche Scham. Jede Frau sollte einmal zum Handspiegel greifen und sich ihren Intimbereich genau ansehen. In ihm liegt Schönheit und Einzigartigkeit. Der Intimbereich ist der Sitz des Wurzelchakras und eng mit unserer Lebensenergie verbunden. Wir müssen lernen, die Energie fließen zu lassen und darin etwas Natürliches zu sehen.

Zuerst zur Pflege: Ich schwöre auf das marokkanische Arganöl. Abends trage ich nach dem Bad ein paar Tropfen auf den äußeren Intimbereich und den Venushügel auf. Das hält meine zarte Haut geschmeidig.

Für mich persönlich ist es wichtig, meinen Intimbereich rasiert und gepflegt zu halten. Durch die Rasur bleibt die Schamgegend sauber, trocken und luftig. Es ist hygienischer und sieht auch schöner aus als ungezügelter Wildwuchs.

Ich rate von der Verwendung von Feuchttüchern und Intimdeos ab, damit die Schleimhäute gesund bleiben. Außerdem kann es durch sie zu unschönen Hautreizungen nach dem Rasieren kommen. Dafür empfehle ich selbst hergestellte Peelings aus natürlichen Zutaten und ohne chemische Zusatzstoffe (Rezepte im Kapitel »Meine persönlichen Rituale«). Die duftenden Öle und die wertvollen Inhaltsstoffe verwöhnen die Haut und verhindern außerdem das Einwachsen der Härchen.

Wir halten die Vagina fit und sorgen für eine elastische Muskulatur, indem wir bestimmte Übungen durchführen. Es gibt also ein Trainingsprogramm speziell für den Intimbereich. Die sogenannten PC-Muskeln oder Beckenbodenmuskeln halten und unterstützen die Organe im Beckenreich. Das Training strafft die Muskeln, beugt Inkontinenz und Hämorrhoiden vor und hilft bei schmerzhaften Scheidenkrämpfen. Doch nicht nur das, gut trainierte PC-Muskeln fördern das Lustempfinden und die Orgasmusfähigkeit. Bei Männern kann ein trainierter Beckenboden durch gezielte Anspannung eine vorzeitige Ejakulation verhindern.

Mitte der 1940er-Jahre wurden von dem amerikanischen Arzt Dr. Arnold Kegel spezielle Übungen entwickelt, um Frauen zu helfen, die an Harninkontinenz leiden. Diese Übungen hatten allerdings auch eine angenehme Nebenwirkung. Durch das Training des Beckenbodens und des PC-Muskels wurde das Sexleben der Damen schlagartig besser. Es zahlt sich aus, mit diesem speziellen Übungsprogramm zu starten. Die Atemübungen, die wir schon kennengelernt haben, haben auch einen sehr positiven Einfluss auf die Geschmeidigkeit und die Durchblutung der Beckenmuskulatur, also ruhig in das Trainingsprogramm mit einbauen.

Das Vagina-Fitness-Programm

Um den richtigen Muskel zu finden und ihn auch zu spüren, unterbreche ich beim Toilette-Gang den Harnstrahl mehrmals hintereinander. Ich präge mir ein, wo er sich befindet, wie er sich beim Anspannen verhält und wie sich das anfühlt.

Dann begebe ich mich in eine bequeme Rückenlage und konzentriere mich darauf, den PC-Muskel abwechseln anzuspannen und wieder zu entspannen, ohne dabei andere Muskeln, zum Beispiel im Bauch, zu involvieren. Die Spannung sollte für mindestens sechs Sekunden gehalten und die Übung etwa zwanzig Mal hintereinander wiederholt werden, das Ganze drei Mal täglich. Wenn das bereits leicht zu schaffen ist, kann die Zahl der Muskelkontraktionen auf fünfzig erhöht werden. Mit steigender Routine können die Übungen auch im Stehen oder im Sitzen gemacht werden.

Wir können die Wartezeit an der Supermarktkasse und im Lift oder eine kleine Pause im Büro nutzen. Niemand wird das kleine Trainingsprogramm bemerken.

Sollten sie sich nicht die Zeit nehmen wollen, die Übungen regelmäßig durchzuführen, dann gibt es auch dafür eine Lösung, die sich »Lustkugeln« oder auch »Joyballs« nennt. Erhältlich sind sie in Erotikshops und neuerdings auch in Drogeriemärkten. Die Kugeln werden tief in die Vagina eingeführt. Wenn nötig, kann dafür auch Gleitgel benutzt werden. Keine Angst, es gibt einen Rückholfaden oder eine Schlinge aus Silikon, mit der sich die Kugeln ganz leicht wieder entfernen lassen. Mit ihnen können wir stehen, gehen oder auch Arbeiten im Haushalt verrichten und dabei für den Rest der Welt vollkommen unsichtbar unsere Muskeln trainieren. Diese spannen sich nämlich um die beschwerten Kugeln, die nach unten ziehen, und verhindern so das Herausrutschen. Es gibt auch Modelle, bei denen durch die Bewegung kleine Schwingungen und Vibrationen ausgelöst werden. Mit ihnen werden nicht nur die Muskeln stimuliert. Achtung, zu intensives Training kann auch hier einen Muskelkater auslösen.

Ich bin mit gutem Beispiel vorangegangen und habe mir die Kugeln in einem Erotikshop besorgt. Unterstützt durch eine Freundin betrat ich entschlossen den Laden. Auf meine Nachfrage hin führte uns eine ambitionierte Verkäuferin zu einer Wand, an der unzählige Kugeln in bunten Verpackungen hingen. Zuerst war ich von der Riesenauswahl überwältigt. Es gibt die Lustkugeln in den verschiedensten Formen und Farben. Von der simplen Kugel bis zum zweiteiligen Designermodell hing dort alles, was das Herz begehrt.

Ich trainiere nun regelmäßig, denn das Training mit den Kugeln ist weitaus effektiver als ohne. Endlich einmal ein Fitnesstraining, das wirklich Spaß macht und uns beim Tragen, gerne auch mal beim Rendezvous oder beim Einkaufsbummel, mit einem Hauch von Erotik umgibt.

Good Vibrations

Glückshormone werden unter anderem bei einem Orgasmus und beim Verzehr von Schokolade freigesetzt. Aus optischen Gründen sollten wir nicht jeden Tag eine Tafel Schokolade essen. Es spricht jedoch nichts dagegen, jeden Tag einen Orgasmus zu haben.

Eine Frau, die regelmäßig einen Orgasmus erlebt, strahlt, glüht und glänzt. Wenn gerade kein Mann zur Hand ist, müssen wir eben selbst Hand anlegen. Das wunderbare Gefühl eines Orgasmus lässt sich ganz einfach durch Selbstbefriedigung erzeugen. Doch auch heute noch höre ich immer wieder von Freundinnen und weiblichen Bekannten, dass das für sie, im Gegensatz zu praktisch allen Männern, keine Selbstverständlichkeit ist.

Bei vielen Frauen ist die Scham größer als die Lust. Dabei ist die positive Wirkung eines Orgasmus unbestreitbar: Unser Gehirn produziert nach dem Orgasmus einen kräftigen Schub des Hormons Oxytocin und sorgt auf diese Weise für ein Gefühl tiefer Geborgenheit. Dieses ausgeschüttete Sexualhormon lässt Frauen in eine eigene Welt der intensiven Gefühle eintauchen, in ein Paradies der größtmöglichen Nähe und Verbundenheit, in dem sie möglichst lange verweilen möchten. Das Gefühl, es »sich selbst geben zu können« verleiht uns Frauen Kraft, Selbstbewusstsein und Schönheit.

Lassen wir frischen Wind ins Schlafzimmer

Männer aufgepasst: Die Qualität wird beim Sex immer wichtiger. Auch wir Frauen möchten unsere Zeit nicht mit schlechtem Sex vergeuden, und wir sind nicht bereit, auf ewig als Lehrmeisterin aktiv zu sein.

Sex mit dem Partner nur weil gerade Sonntag ist oder im Fernsehen nichts läuft, ist uninteressant. Auch in einer festen Beziehung wollen Frauen noch verführt werden und erwarten, dass der Partner sich etwas Prickelndes einfallen lässt. Was natürlich umgekehrt genauso gilt. Männer wollen keine lust- und fantasielosen Frauen im Bett. Wenn wir also merken, dass es nicht mehr läuft, müssen wir ein bisschen Öl ins Feuer gießen.

Sollte sich das gewünschte Ergebnis nicht einstellen, ist es wichtig, einen Check beim Arzt zu machen, um herauszufinden, warum keine Lust mehr aufkommen will. Vielleicht liegt es an einem gestörten Hormonhaushalt oder an einer Schilddrüsenfehlfunktion und nicht an dem Mann, der neben uns liegt.

Auch wenn der Alltag stressig ist und uns Sorgen plagen, sollten wir uns ab und zu eine kleine Auszeit mit unserem Partner gönnen, um in Ruhe die Zweisamkeit – und den Sex – zu genießen. Wem Romantikurlaube und Dinner bei Kerzenschein nicht liegen, der kann sein eigenes Programm entwickeln. Es macht Spaß, einen besonderen Abend vorzubereiten und sich, »wie einst im Mai«, auf die gemeinsame Zeit mit dem Partner zu freuen. Der Partner sollte damit jedoch nicht überfallen werden. Auch er braucht Zeit, um sich darauf einzustellen. Wenn er nach einem aufreibenden, ärgerlichen Arbeitstag keine Lust auf spontane Romantik hat, müssen wir auch dafür Verständnis haben.

Wir müssen offener werden, die falsche Scham ablegen, die uns anerzogen wurde. Frauen dürfen auch Sexfantasien haben. Frauen dürfen sich auch Pornos ansehen. Frauen dürfen sich auch Sexspielzeug kaufen und sie dürfen sich auch selbstbefriedigen. Daran ist nichts Falsches, Anrüchiges oder Peinliches. Wenn wir uns mit unserer Sexualität identifizieren und sie ohne Scheu leben, kann sie für uns zu einem sprudelnden Quell der Jugend werden.

... und plötzlich war ich ein Sexsymbol

Das Thema »Sex« zieht sich wie ein roter Faden durch mein Leben und meine Karriere. Es fing an, als ich als Playmate des Jahres 1989 bekannt wurde. Doch erst später, mit etwas Abstand, wurde mir klar, dass ich dadurch als Sexsymbol wahrgenommen wurde. Ein Sexsymbol zu sein weckt natürlich gewisse Vorstellungen oder sogar Erwartungen. Die Menschen drücken einem einen Stempel auf, ob man will oder nicht.

Leute, die mich als Gitta kennenlernen, im Urlaub, im Supermarkt, in einem Lokal, nehmen mich anders wahr, neutraler. Von Männern, die wussten, wer ich war, nämlich das Playmate des Jahrhunderts, habe ich schon die verschiedensten Reaktionen bekommen. Sie reichten von totaler Verunsicherung bis zum übersteigerten Super-Ego. Mit dem Nimbus eines Playmate assoziiert jeder Mann – dafür lege ich meine Hand ins Feuer – sofort ein williges, freizügiges, immer bereites Sexobjekt. Ich mache mir da nichts vor. Die Playboy-Shootings öffneten mir beruflich Tür und Tor, doch sie waren nicht nur ein Segen. Immer in eine Schublade mit der

Aufschrift »Sexobjekt« gesteckt zu werden, kann auch ein Fluch sein.

Ich habe mit vielen Beautyshootings und zahlreichen großen Kampagnen als Model Karriere gemacht. Bei diesen Shootings war ich als anonymes Model gebucht, denn ich warb nicht als Person Gitta Saxx mit meinem Namen für die Produkte, sondern war nur das Gesicht, der Körper der Kampagne.

Meine Karriere besteht aus zwei erfolgreichen, aber völlig verschiedenen Schienen. Es ist selten, dass ein Playmate den Weg eines Profi-Models einschlägt. Ich habe mir meinen natürlichen Umgang mit meiner Körperlichkeit auch als Model zunutze gemacht.

In den 90er-Jahren gab es nur ganz wenige Models, die sich nackt vor die Kamera wagten, weshalb ich auf fast allen Aktfotos des deutschen Beautymarkts zu sehen war. Wenn damals ein Model bei einer Modenschau ein durchsichtiges Oberteil anhatte, zeigten gleich alle mit dem Finger auf sie. Heute zeigen sie auf die Models, die nicht bereit sind, so etwas anzuziehen. Ein extremer Wandel, der sich da vollzogen hat.

Werde ich dem Bild eines Sexsymbols gerecht?

Mich nackt auf einem Foto zu sehen, war für mich selbst oft eine Überraschung. Es gab durchaus Augenblicke, in denen ich mir dachte: »Wow, das bin ja ich!«, und mich wirklich schön und sexy fühlte. Die zwei oder drei Titelseiten des »Stern«, auf denen ich oben ohne zu sehen war, fand ich wunderschön. In der »Petra« gab es einmal eine über sechzehn Seiten lange Beautystrecke, die Bruno Bisang fotografiert hatte und die ich mir heute noch gerne anschaue. Die preisgekrönte Bodypaintingkampagne für Kodak, die damals von dem Starfotografen Hans Feurer auf den Seychellen gemacht wurde, war ein weiteres Highlight in meiner Karriere. Es erfüllte mich mit Stolz, dass überall in der Schweiz mein Körper auf Plakaten und in Anzeigen zu sehen war. Trotzdem denke ich, dass der Begriff »Sexsymbol« ein abstrakter ist, der mit meinem wirklichen Leben nicht viel zu tun hat, sondern nur mit der Wunschvorstellung, die durch die Köpfe und Fantasien der Menschen spukt. Das soll nicht heißen, dass ich mich nicht sexy fühlen oder meinen Körper nicht lieben würde, denn das tue ich sehr wohl. Aber deshalb schlafe auch ich nicht jede Nacht in High Heels und Strapsen.

MEINE HAUT, MEIN KAPITAL

Wir alle werden älter und niemand ist davon begeistert. Auch ich nicht. Das Leben hinterlässt seine Spuren in unserem Gesicht und auf unserem Körper. Regionen, von denen ich früher nicht einmal wusste, dass es sie gibt, werden plötzlich zu Problemzonen. Die Proportionen verändern sich, und selbst mit viel Sport lässt sich der Prozess nicht wirklich aufhalten. Es ist, als würde mein Körper nur darauf lauern, mir zu sagen: »Du bist jenseits der vierzig, liebe Gitta.« Jede kleine Sünde, die ich mir bei meiner Ernährung erlaube, finde ich sofort an meinen Hüften wieder. Eine Woche Urlaub in Spanien brachten mir heuer ganze drei Kilo zusätzlich ein. Dabei kann ich mich wirklich nicht erinnern, was ich dazu getan hätte.

In einem Interview sagte Cindy Crawford einmal, dass sie es hasse, älter zu werden. Morgens nach dem Aufstehen brauche sie gut eine Stunde, bis ihr Gesicht abgeschwollen sei und alles wieder an seinem richtigen Platz sitze. In gewisser Weise ist es tröstlich, dass es einem Supermodel wie Cindy auch nicht viel anders geht, als dem Rest der weiblichen Bevölkerung über vierzig.

Ich selbst habe mit den Jahren an Selbstbewusstsein gewonnen, ich habe meinen Weg gefunden und habe mich weiterentwickelt. Ich stehe mit beiden Beinen im Leben und trotzdem manchmal wenig begeistert vor dem Spiegel. Nein, ich freue mich nicht über meine Falten, sie sind nicht meine Freunde, genausowenig wie die Speckröllchen an meiner Taille.

Am Anfang des Weges steht die Ehrlichkeit – im Umgang mit sich selbst und den sichtbaren Zeichen des Älterwerdens. Wir müssen beim Aussehen langsam kleine Abstriche machen, aber wir müssen den Alterungsprozess nicht hilflos akzeptieren. Haben wir eine Problemzone erst einmal erkannt, können wir dagegen angehen.

Die Frau, die mich während meiner ganzen Karriere als Model begleitet hat, ist meine Freundin und Kosmetikerin Angelika. Ihren Tipps und ihrem Können habe ich unendlich viel zu verdanken. Zu der Zeit, als wir uns kennenlernten, arbeitete Angelika in einem Day-Spa, was damals sehr progressiv war, weil es dieses Konzept nur selten gab. Die Kundinnen checkten zum Beispiel morgens um acht Uhr ein und blieben bis zum Nachmittag. Die Philosophie des Day-Spa war damals schon eine ganzheitliche Beratung. Zu den Behandlungen gab es begleitend Entschlackungstees, ein gesundes Lunchpaket und einen langfristigen Ernährungsplan.

Angelika entschloss sich damals, ihrer Tätigkeit als Make-up-Artist mehr Zeit zu widmen. Dafür musste sie eine Fotomappe zusammenstellen und dachte sofort an mich. Sie wusste, dass das Modeln schon immer mein Traum gewesen war, und verstand gar nicht, warum ich nicht schon längst in der Branche arbeitete. Tatsache war, dass ich mich nicht traute, da ich mit meiner Größe weit unter dem Modelmaß von 1,74 lag. Stattdessen arbeitete ich als gelernte Augenoptikerin in Stuttgart und war weit weg vom Modelbusiness.

Wir trafen uns für das Fotoshooting an der Isar, und Angelika zauberte mir ein professionelles Make-up ins Gesicht. Während des Shootings lief ein junger Mann mit seinem Hund vorbei und fragte mich, ob ich nicht Lust hätte, für den Playboy zu arbeiten. Es stellte sich heraus, dass er tatsächlich ein Modelscout des Playboy war. Vier Wochen später saß ich, nach Rücksprache mit meiner Familie, mit einem Fototeam des Playboy im Flugzeug und war auf dem Weg zu den Malediven.

Das war der Start meiner Modelkarriere, denn nach dem Playboy-Shooting ging es richtig los. Ich fand eine Modelagentur in München, eine in Miami und eine in Mailand. Aufgrund meiner fehlenden Zentimeter wurde ich schwerpunktmäßig als Beauty-, Bademoden- und Wäschemodel gebucht. Die Pflege meiner Haut stand im Mittelpunkt, denn diese war mein Kapital. Ich war froh, eine Kosmetikerin im Freundeskreis zu haben und kam von da an regelmäßig zu ihr in den kleinen Day-Spa. Da merkte ich zum ersten Mal, dass es wirklich Spaß macht, sich zu pflegen. Als ich einige Zeit später im Kosmetikstudio mein Gesicht auf einem Plakat der Maria-Galland-Kampagne bewundern konnte, war ich wirklich stolz. Angelika klopfte mir auf die Schulter und sagte, dass ich mich jetzt aber nicht auf meinen Lorbeeren ausruhen, sondern schön weiterpflegen sollte.

Sie erklärte mir zum Beispiel auch, dass es besser ist, auf dem Rücken zu schlafen, denn wer 365 Tage im Jahr auf der Seite schläft und die Haut nach vorne quetscht, sieht dann mit fünfzig oder sechzig genau so aus. Wenn Angelika Kunden hat, die denken, ihre tiefen Falten seien altersbedingt, hält sie ihnen einen Spiegel vor die Nase und schiebt ihnen die Haut so hin, wie es in der Nacht das Kissen tut. Dann sagen plötzlich alle: »Mein Gott, das kommt ja wirklich vom Schlafen.«

Einmal sah Angelika, dass ich meine Augen rieb, weil ich müde war. Auch das gewöhnte sie mir ab. Genauso wie die Gewohnheit, mein Gesicht beim Lesen in der Handfläche abzustützen. Die Haut ist um die Augen dünn und empfindlich und verzeiht keine Fehler. Darum ist hier eine spezielle Pflege notwendig. Aufgrund der Flut von Pflegeprodukten ist eine Fachberatung unerlässlich. Auf Angelikas Ratschlag verwendete ich nur mehr gute Cremes mit ausgewählten Inhaltsstoffen und machte regelmäßig Masken, um meine Haut mit Nährstoffen zu versorgen. Mit der Zeit verschwanden so auch die feinen Linien an meiner Stirn und um meine Augen, die ich damals schon hatte, obwohl ich gerade erst 22 war.

Guter Rat ist nicht immer teuer. Ich habe Angelikas Anregungen umgesetzt, und heute ist meine Haut immer noch straff und jung. Ab und zu brauche auch ich einen kleinen Tritt in den Hintern, um mein Pflegeprogramm wieder durchzuziehen. Doch es zahlt sich aus. Mit über vierzig Jahren ist mein Hautbild heute klar, die Haut strahlt und ist schön.

Das Gesicht verdient unsere volle Aufmerksamkeit

Es ist wichtig, sein Gesicht zu kennen, seine Stärken und Schwächen. Holen wir uns einen Vergrößerungsspiegel und betrachten wir es bewusst, kritisch aber liebevoll. Ob wir ein oder zwei Falten zu viel haben oder nicht, steht dabei nicht im Vordergrund. Wir sind keine Teenager mehr, unsere Haut hat mit uns mitgelebt und das Erlebte gespeichert. Sie hat darauf reagiert, wie wir mit ihr umgegangen sind. Auf die Pflege und auch auf die Sünden. Das Gesicht ist der Spiegel unserer seelischen und körperlichen Verfassung. Die Haut reagiert auf alle Einflüsse von außen und innen. Stress, Kummer, falsche Ernährung, Schlafmangel, falsche Pflege, Flüssigkeitsmangel – das alles sehen wir an unserer Haut.

Wenn die Haut Hilfe braucht, dann müssen wir sofort darauf reagieren. Wichtig ist, dass wir alles, was wir uns an Gutem tun, immer mit Liebe und Freude machen. Panik oder Hektik haben bei der Pflege keinen Platz.

> *Ich habe aus meinem Badezimmer eine Wohlfühloase gemacht. Ich erfreue mich an den Flacons und Cremetiegeln, die darin stehen. Ich nehme mir bewusst Zeit für mich und lasse mich durch nichts und niemanden bei meiner Gesichtspflege stören.*

Wir müssen unsere Einstellung gegenüber der Gesichtspflege überdenken. Die Zeit, die wir mit ihr verbringen, ist keine verlorene oder verschwendete Zeit. Unser Gesicht verdient Aufmerksamkeit.

Die Pflege

Spätestens ab dreißig sollte jede Frau ihren Hauttyp kennen, das ist unerlässlich für die richtige Wahl der Pflegeprodukte, denn diese müssen unbedingt für unseren Hauttyp geeignet sein. Wenn wir es nicht selbst wissen, kann eine Kosmetikerin unseren Hauttyp bestimmen. Was jede Frau unbedingt braucht:

Reinigungscreme
Augencreme

Tages- & Nachtcreme
Peeling
Masken für Augen und Gesicht
Serum oder Ampullen
Wattepads & Wattestäbchen

Ohne diese Produkte für die Pflege des Gesichts geht gar nichts. Im Laufe meines Lebens habe ich immer wieder, vor allem von schlauen Männern, gehört: »Ach, zu was brauchst du das denn alles, das sieht ja aus wie in der Apotheke …« Tja, die Herren sollten mir jetzt mal unter meine faltenfreien Augen kommen.

Am Kinn ist mit der Pflege allerdings nicht Schluss. Ich pflege die Halspartie und das Dekolleté immer mit. Diese Regionen brauchen genausoviel Pflege wie das Gesicht, und Fältchen dürfen auch hier keine Chance bekommen.

> *Die tägliche Pflege findet bei mir nicht nur im Badezimmer statt. Ich schwöre auch auf die Schönheitspflege zwischendurch mit natürlichen Mitteln. Wenn ich zum Beispiel einen Gurkensalat zubereite, verwende ich die Gurkenschalen, die übrig bleiben, um mein Gesicht damit abzureiben. Das erfrischt und nährt die Haut.*

Dasselbe mache ich mit den Schalen der Papaya nach der Zubereitung eines Obstsalates. Ich verwende die Schalen der Frucht auch für meine Lippen, denn sie sind besonders reich an Enzymen.

Ein absolutes Muss: Das Abschminken

Das Abschminken, auch wenn es sich noch so selbstverständlich anhört, ist die Basis der Gesichtspflege. Es ist unerlässlich, die Haut regelmäßig zu reinigen und von Make-up-Resten zu befreien.

Ich verteile eine sanfte Reinigungsmilch in den vorgewärmten Handinnenflächen und löse damit das Make-up im Gesicht. Danach nehme ich ein feuchtes Schwämmchen oder einen angefeuchteten Waschlappen und trage das Make-up damit ab. Das restliche, hartnäckige Augen-Make-up entferne ich nun mit einem kleinen, angefeuchteten Wattepad. Zusätzlich nehme ich ein Wattestäbchen, das ich mit meinem Speichel etwas anfeuchte, und wische von außen nach innen über den oberen und unteren Lidbereich. Ich bin oft überrascht, wie viel Wimperntusche damit noch entfernt wird.

Auch wenn es nach Veranstaltungen oder Fotoshootings noch so spät ist, nehme ich mir noch die paar Minuten Zeit, die nötig sind, mich abzuschminken und mein Gesicht mit Nachtcreme zu pflegen. Denn Make-up und Wimperntusche verstopfen die Poren und reizen die Haut. Wer sich am Abend nicht ordentlich abschminkt, hat am Morgen danach oft ein böses Erwachen: Der Kopfpolster ist voll von Make-up-Resten, die Augen sind verschmiert und verschwollen und unter der Haut entstehen Pickel. Wenn ständig Reste von Wimperntusche an den Augen zurückbleiben, kann das zu Juckreiz führen. Durch verstärktes Reiben an den Augen belasten wir jedoch die empfindliche Haut, und es können Krähenfüße entstehen.

Die zehn Minuten Zeitersparnis im Bad zahlen sich nicht aus. Abschminken ist ein Muss, auch wenn der Liebhaber im Bett eben kurz auf uns warten muss.

Gesichtspeeling

Wenn meine Haut müde und fahl wirkt, was vor allem nach vielen Veranstaltungen und Partys der Fall ist, mache ich ein Peeling. Es regt die Durchblutung an und macht den Teint rosig und schön. So vertreibe ich die Spuren der langen Nacht und die Müdigkeit aus dem Gesicht.

> *Das Peeling trage ich feucht auf, lasse es kurz einziehen und massiere sanft die Haut in kreisenden Bewegungen. In der T-Zone massiere ich etwas kräftiger, an den Wangen sanfter. Zum Abwaschen benutze ich ein warmes, feuchtes Tuch*

aus Frottee, wie die Kosmetikerinnen es verwenden. Durch ein sanftes, regelmäßiges Peeling können wir abgestorbene Hautschüppchen entfernen. So vermeiden wir verstopfte Poren und Unreinheiten, und die Pflege kann optimal von unserer Haut aufgenommen werden.

Das Peeling, das auf den Händen übrig bleibt, verwende ich gleich zur Behandlung meiner Hände und Nägel. So verwerte ich die Reste des Gesichtspeelings und muss nicht extra Geld für ein Handpeeling ausgeben.

Die Klopftechnik – mein ganz besonderer Geheimtipp

Vor einigen Jahren entdeckte ich in einer Münchner Tageszeitung eine Anzeige, die mir sofort ins Auge sprang. Der Slogan lautete: KLOPFEN STATT LIFTEN. Das machte mich neugierig. Mit einer Freundin zusammen vereinbarte ich einen Termin. Auf unser Klingeln öffnete uns eine kleine Frau mit blonden Haaren, die bis über ihre Hüften reichten. Ich schätzte sie auf etwa vierzig, obwohl sie eine Figur wie eine Zwanzigjährige hatte. Als sie uns ihr tatsächliches Alter verriet, haute es mich fast um. Sechzig Jahre alt sollte sie sein. Mit einem faltenfreien, jungen Gesicht. Unglaublich.

Über die Jahre habe ich die Behandlung etwas angepasst und verändert, aber der Sinn der Sache blieb gleich: Wir aktivieren unsere Muskeln im Gesicht und streichen sie danach so aus, dass die Form tendenziell nach oben geht. Ich praktiziere die Technik jetzt seit fünfzehn Jahren. Sie hat mitgeholfen, meine Gesichtsform zu stärken und meine Fältchen zu glätten.

Und so funktioniert's: Ich beginne mit einem sanften Peeling. Danach trage ich eine reichhaltige Maske dick im ganzen Gesicht auf. Es ist sehr wichtig, dass die Grundlage fettreich ist und die Klopftechnik nicht auf trockener Haut ausgeübt wird.

Ich stelle oder setze mich gerade hin, lasse den Kopf nicht fallen und recke das Kinn nach vorne. Ich klopfe an den Wangen und der

Region der Nasolabialfalten mit beiden Händen in gleichmäßigen, trommelartigen, schnellen Bewegungen den Bereich nach oben hin aus. Der Druck des Klopfens muss spürbar sein. Die Region unter dem Kinn klopfe ich mit aus, so beuge ich einem Doppelkinn vor.

Nachdem ich alle Bereiche meines Gesichts ausgeklopft habe, wasche ich die fetthaltige Creme ab. Nun zupfe ich das Gesicht zart aus. Mit dem angewinkelten Daumen und dem Zeigefinger zupfe ich die Haut nach oben hin aus. Immer nach oben arbeiten, das ist das Entscheidende. Der Augenbereich wird nicht gezupft. Ich streiche mit den Ringfingern die Stirn nach oben hin aus. Ich beginne in der Mitte mit schnellen, bestimmten Bewegungen, wie ein Fächer.

Nach dem Ausstreichen und Auszupfen trage ich eine kühlende, leichte Maske, ein erfrischendes Feuchtigkeitsgel oder eine leichte Tagescreme auf.

Die Behandlung dauert ca. 15 Minuten und soll 1-3 Mal in der Woche durchgeführt werden. Bei regelmäßiger Anwendung dieser Klopftechnik verschwinden die Falten, die Gesichtskonturen straffen sich, und der Teint wird rosig und gesund.

Masken

Bei den Masken müssen wir nach Inhaltsstoffen und Zweck unterscheiden, denn Maske ist nicht gleich Maske. Am Anfang stehen die Fragen: Was erwarte ich von einer Maske? Was muss sie können? Welche Bedürfnisse hat meine Haut gerade? Nach diesen Parametern richtet sich nun die Wahl des Produktes.

Feuchtigkeitsmasken sind leicht, erfrischend, durchfeuchtend und glättend. Sie sind Allrounder, denn Feuchtigkeit braucht die Haut immer.

Reinigungsmasken regen die Durchblutung und den Lymphfluss an. Ich trage sie auf, wenn meine Poren zu groß sind und die Haut nach »Pickelalarm« aussieht. Da diese Masken austrocknend wirken, sollten sie nicht zu oft aufgetragen werden. Sie eignen sich vor allem für fette und glänzende Haut.

Anti-Stress-Masken wirken so, wie ihr Name schon sagt – gegen Spuren von Stress, die sich auf der Haut zeigen. Die Masken sollten kühlend, erfrischend und wohlriechend sein. Eine meiner Lieblingsmasken ist die »TIMELESS Alpha Mask« von Dr. Grandel, die ich täglich verwenden kann.

Anti-Aging-Masken dürfen ruhig etwas teurer und reichhaltiger sein, dafür sollten sie spätestens nach der zweiten Anwendung einen deutlichen Effekt zeigen. Unter ihnen gibt es auch »Notfallmasken«, die die ganze Nacht über auf dem Gesicht bleiben können.

Augenmasken können zum Beispiel nach einem stressigen Arbeitstag oder vor einer langen Autofahrt aufgetragen werden. Sie regen die Durchblutung an und glätten Fältchen.

Ich habe immer eine kleine Auswahl an Masken im Haus und trage auf, was meine Haut gerade braucht, denn ihre Bedürfnisse sind nicht immer gleich. Ich versuche mit meiner Haut zu kommunizieren. Das hört sich seltsam an, ist es aber eigentlich nicht. Während meiner Arbeit als Model, in der ich sehr viele Kampagnen für große Kosmetikunternehmen gemacht habe, war meine Haut mein Kapital. Also habe ich damals ganz besonders und bewusst auf meine Gesichtshaut geachtet. Sobald ich eine Veränderung wahrgenommen habe, habe ich etwas dagegen unternommen. Wer seinem Gesicht Aufmerksamkeit schenkt und seine Veränderungen objektiv betrachtet, der kann die Botschaften der Haut verstehen und entsprechend auf ihre Bedürfnisse reagieren.

Perfect Skin – meine Pflegelinie

Aus eigener Erfahrung weiß ich nur zu gut, wie wichtig die Inhaltsstoffe der Pflegeprodukte sind. Auf dem Markt gibt es eine Flut von verschiedenen Linien und Produkten, die allerdings nicht immer halten, was sie versprechen. Seit meiner Zeit als Model für große Kosmetikfirmen war und ist es ein Wunsch von mir, eine eigene Kosmetiklinie zu kreieren, die alle meine Ansprüche befriedigt. Vor einigen Jahren gab ich mein Know-how einer Naturkosmetiklinie, die ich sehr erfolgreich bei einem Homeshoppingsender verkaufte. Doch mein Anspruch an Pflegelinien stieg, weil sich auch die Bedürfnisse meiner Haut mit den Jahren änderten.

Schließlich entdeckte ich ein Produkt, das meinem Ideal schon sehr nahe kam, und ich erhielt die Chance, es mit einem Expertenteam aus Forschung und Wissenschaft bis zur Perfektion weiterzuentwickeln. Gemeinsam gelang es uns, eine hochwertige und effektive Linie zu kreieren, bei der wir meine Philosophie der Pflege und Jungerhaltung der Haut von innen und außen perfekt umsetzen konnten.

Es handelt sich um »Perfect Skin«, ein Pflegepaket, dessen Basis eine Tages- und Nachtpflege, ein Konzentrat zur inneren Anwendung und eine Körpercreme bilden. Einige der hochwertigen Wirkstoffe des Produkts sind Sojaöl, Mandelöl, D-Panthenol, Hyaluronsäure, Collagen und Vitamin E.

Sexy Eyes – Perfekte Augenbrauen und Wimpern

Ihre Wirkung wird oft unterschätzt, doch Augenbrauen und Wimpern haben einen sehr großen Einfluss auf unser Erscheinungsbild. Ein perfekter Wimpernschwung kann ein Auge öffnen, munter und jung erscheinen lassen. Was viele nicht wissen: Es gibt »positive« und »negative« Augenbrauen. Zeigen die Härchen nach unten, wirkt das negativ, zeigen sie nach oben, wirkt es positiv. Ein kleiner Unterschied, der aber große Wirkung auf unsere Ausstrahlung haben kann.

Ich persönlich schwöre darauf, meine Augenbrauen von einem Profi in Form zupfen zu lassen, aber natürlich muss das nicht unbedingt sein. Vielen hilft es jedoch, zumindest beim ersten Mal einen Fachmann zu konsultieren, der ihnen die optimale Form vorzeigt.

In Amerika werden Augenbrauen nicht nur von Kosmetikerinnen und Visagistinnen in Form gebracht, es gibt sogar eigene Eyebrow-Stylisten. Prominente wie JLo und Oprah Winfrey gehen regelmäßig zu ihren Augenbrauen zupfenden Gurus. Die Betonung liegt hier auf Regelmäßigkeit, denn die ist beim Nachzupfen extrem wichtig. Am Anfang tut es meist ein bisschen weh, aber spätestens beim dritten oder vierten Mal gewöhnt man sich daran. Eine zusätzliche Nachbehandlung mit Eis hält den Schmerz minimal. Wichtig ist es, die Brauen immer in Wuchsrichtung der Härchen und niemals zu dünn zu zupfen.

Bei sehr hellen Wimpern und Augenbrauen können diese von der Kosmetikerin auch gefärbt werden. Das ist besonders praktisch für Frauen, die sensibel auf Wimperntusche reagieren und für all jene, die im Badeurlaub auch mit dem Gesicht untertauchen wollen. Da gibt es kein Verrinnen und Verschmieren.

Ein Must-have aller Models, Playmates und Beautyqueens ist die Wimpernzange. Sie verleiht selbst kurzen Wimpern einen schönen Schwung, öffnet das Auge und lässt es strahlen.

Die Zange sollte unbedingt vor dem Tuschen verwenden werden, denn die Wimpern sind sonst zu steif und könnten abbrechen. Wenn die Wimpernzange vor der Verwendung kurz mit dem Haarföhn erwärmt wird, hält der Aufwärtstrend noch länger.

Auch ein sogenannter Wimpern-Verlängerungsliner kann eine gute Investition sein, denn er verdichtet und verlängert die Wimpern zusätzlich.

Sollte beim Wimperntuschen etwas danebengehen, gebe ich etwas Make-up auf ein Wattestäbchen und entferne damit die kleinen Patzer. So vermeide ich, dass die Grundierung fleckig wird, weil sie mit der Wimperntusche weggewischt wird.

Heller, glänzender Lidschatten bringt kleine Fältchen um die Augen voll zur Geltung. Ab einem gewissen Alter empfehlen sich daher eher matte Töne.

Augenringe

Wir alle kennen sie: dunkle Augenringe oder verschwollene Augen nach einer langen Nacht. Bei einem Fotoshooting geht das natürlich gar nicht. Als Model hatte ich daher einen Notfallplan:

Ich tunkte zwei Wattepads in meinen kalten Kaffee und legte diese dann für etwa zehn Minuten auf meine Augen. Wenn die Ringe dann immer noch nicht ganz weg waren, musste die Visagistin etwas mehr Concealer auftragen, um sie restlos verschwinden zu lassen.

Bei geschwollenen Augen wendete ich meine Klopftechnik an, bei der ich mit meinen Ringfingern die Knochen rund um die Augenhöhlen ausklopfte, um den Flüssigkeitstransport zu aktivieren.

Kussmund

Auf unseren Lippen ist die Haut am dünnsten. Sie reagieren sehr empfindlich auf Berührungen und gehören zu den erogensten Zonen des Körpers. Um der Entstehung der unliebsamen kleinen Fältchen um den Mund vorzubeugen, gab mir meine Mutter, die bis ins hohe Alter einen schönen, vollen Mund hatte, einen guten Tipp, den ich regelmäßig befolge.

Mit einer kleinen, ganz weichen Zahnbürste trage ich ein paar Tropfen Argan- oder Sesamöl oder auch eine reichhaltige Augencreme auf die Lippen und die Region um den Mund herum auf. Ich massiere nun sanft mit der angefeuchteten Zahnbürste in kreisenden Bewegungen meine Lippen. Ich bürste sie vom äußeren Mundwinkel nach innen zur Oberlippe, von rechts nach links und dann von links nach rechts. Auch die Nasolabialfalten außerhalb der Lippen massiere ich in sanften, kreisenden Bewegungen mit.

Diese Massage geht schnell, kostet wenig und ist sehr effektiv für geschmeidige, gut durchblutete und volle Lippen. Sie löst selbst hartnäckige »Super-stay«-Lippenstifte und reduziert die Fältchen.

Meine ultimativen Model-Schminktipps

Während meiner Modelkarriere wurde ich extrem oft professionell geschminkt. Wenn ich schätzen müsste, würde ich wahrscheinlich auf um die 2000 Mal tippen, vielleicht sogar noch öfter. Da konnte ich mir natürlich einiges abschauen. Vor allem an die Shootings, bei denen ich bis zu drei Stunden beim Make-up saß, erinnere ich mich gut. Die Visagisten leisteten Präzisionsarbeit. Mit Lupen und feinsten Pinseln gingen sie ans Werk, denn damals gab es noch kein Photoshop. Das Make-up musste perfekt erarbeitet werden.

Durchblick. Alles steht und fällt mit dem richtigen Spiegel und der richtigen Beleuchtung. Ab vierzig geht einfach nichts ohne den hinterbeleuchteten Vergrößerungsspiegel.

Feuchtigkeit. Werden Make-up und Puder auf trockener Haut aufgetragen, wird diese rissig und matt. Daher ist eine leichte Feuchtigkeitscreme oder Fluid die Basis für jedes professionelle Make-up. In sanften, kreisförmigen Aufwärtsbewegungen auftragen und kurz einziehen lassen. Diese Zeit können wir übrigens gut nutzen, um zum Beispiel ein paar der zuvor schon erwähnten PC-Muskelübungen zu machen.

Grundierung. Der Trick ist, das Make-up auf dem Handrücken zu mischen. Dadurch können wir zwei Farbtöne gleichmäßig miteinander kombinieren und die Menge besser dosieren. Es gibt drei Möglichkeiten, das Make-up wie ein Profi aufzutragen: Mit einem angefeuchteten Make-up-Schwämmchen lässt sich das Make-up leicht eintupfen. Mit einem Make-up-Pinsel, dessen Form eher flach sein sollte, lässt sich die Textur exakt erarbeiten und verteilen. Mit den Fingerspitzen lässt sich das Make-up leicht einklopfen. Die Make-up-Farbe sollte nie zu dunkel sein, denn dunkle Farben machen alt. Der Ton sollte dem der Haut entsprechen oder eine Nuance heller sein. Auch ganz wichtig: Niemals die Ränder am Hals vergessen!

Puder. Ein Gesicht, dessen Stirn oder Nase zu sehr glänzen, wirkt ungepflegt, alt und angestrengt. Vor allem auf Fotos stört der Glanz meist sehr. Daher ist es wichtig, nach dem Auftragen von Concealer und Make-up die Haut leicht abzupudern. Nicht zu viel, denn wenn der Puder in die Fältchen kommt und sich dort sammelt, wirken diese optisch tiefer. Bei der Qualität des Puders sollten wir nicht sparen. Wir unterscheiden zwischen einem losen Puder, den ich zuhause auftrage und einem Kompaktpuder, den ich immer in der Handtasche habe, weil der gepresste Puder sich auch zwischendurch sauber und einfach auftragen lässt.

Rouge. Weniger ist hier oft mehr. Zu viel Rouge auf den Wangen ergibt den sogenannten Balkeneffekt und macht gleich zehn Jahre älter. Ein leichtes, frisches Pink wirkt immer jünger als ein kräftiges Rot. Ich trage das Rouge mit leichten, kreisenden Bewegungen auf, während ich lächle. So kommt die Farbe dort hin, wo auch die Sonne ihren zarten Hauch hinterlässt, auf die Wangen, auf die Nase und ganz leicht auf die Stirn. Vor dem Auftragen klopfe ich den Pinsel leicht am Handrücken ab, damit überschüssiges Rouge abfällt. Es macht sich bezahlt, in einen guten Rougepinsel zu investieren. Durch regelmäßiges Auswaschen mit einem milden Shampoo hält er ewig, und ein qualitativ hochwertiger Pinsel mit Naturhaaren verursacht beim Auftragen keine Flecken.

Sexy Gloss. Der einzige Glanz in unserem Gesicht sollte auf den Lippen sein. Mit dem richtigen Gloss zaubern wir uns ein wenig Glamour ins Gesicht. Um den perfekten sexy Schmollmund zu erhalten, trage ich eine moderate Menge auf den Lippen auf. Auch hier gilt als wichtigste Regel: Niemals zu dunkel. Außer einem intensiven Chanel-Rot sollte kein kräftiger Ton auf die Lippen. Ich mache die Lippenumrandung niemals dunkler sein als die Füllfarbe, denn das wirkt altmodisch und lässt uns älter wirken, als wir sind. Wer es nicht ganz so glossig mag und mehr auf matte Töne steht, dem empfehle ich einen Konturenstift im Ton der Lippenfarbe. Nach Auftragen der passenden Lippenstiftfarbe tupfe ich den Mund mit einem Kosmetiktuch leicht ab und schminke ihn erneut. So hält der Lippenstift besser.

Schwungvoller Augenblick. Ich fange mit den Augenbrauen an, die ja bereits in Form gezupft wurden. Auf eine alte Zahnbürste sprühe ich etwas Haarspray und bürste die Brauen damit nach oben, um einen tollen Push-up-Effekt zu kreieren. Mit einem Augenbrauenpinsel trage ich am höchsten Punkt der Augenbraue etwas Lidschatten in der passenden Farbe auf. Das unterstreicht den Schwung der Braue. Generell ziehe ich den Pinsel dem Augenbrauenstift vor, da mit ihm ein natürlicherer Effekt zu erzielen ist. Die Farbe sollte niemals dunkler als die der Augenbrauen sein.

Schattenspiele. Um die Augen zu öffnen, trage ich auf das gesamte Lid einen matten, hellen Lidschatten auf. Er bildet die Basis für jedes Tages- oder Abend-Augen-Make-up, und mein Blick wird dadurch frisch und klar. Flüssiger Eyeliner gehört nicht ans Unterlid. Dort gibt er jedem Auge einen müden Ausdruck. Auf dem beweglichen Lid trage ich ihn mit ruhiger Hand so nah wie möglich am Wimpernansatz auf. Bereits Sophia Loren wusste, wie wichtig es ist, den Schwung immer nach oben auslaufen zu lassen. Nicht verzagen, wenn es am Anfang nicht gleich klappt. Übung macht hier den Meister. Vor dem Tuschen der Wimpern forme ich sie mit der vorgewärmten Wimpernzange, wobei ich direkt am Wimpernansatz beginne.

DER JUGENDLICHE BISS

Wenn wir mit einem strahlenden Lächeln die Leute bezaubern wollen, muss wirklich alles stimmen. Ein schönes Lächeln ist nicht nur eine Frage von gut geschminkten und prallen Lippen, auch die Zähne sollten gesund, makellos und weiß sein. Schlechte, ungepflegte Zähne haben in einem schönen Gesicht keinen Platz.

Amerikanische Filmstars haben meist beeindruckend weiße, ebenmäßige und gepflegte Zähne. Bei uns haben selbst Personen, die im öffentlichen Leben stehen, wie Politiker, Manager, Moderatoren oder auch Schauspieler so ihre Probleme mit der Mundhygiene, was bei Interviews oft kein besonders gutes Bild hinterlässt.

Es ist unerlässlich, die Zähne regelmäßig und gut zu pflegen. Nur mit konsequenter Mundhygiene können wir Zähne und Zahnfleisch gesund erhalten. Die Wahl der geeigneten Zahnbürste und Paste und die Verwendung von Zahnseide und Mundspülungen sind fixe Bestandteile der richtigen Mundhygiene.

Das Zähneputzen selbst sollte etwa zwei Minuten dauern und mit einer sanften Zahnbürste ohne zu großen Druck durchgeführt werden, damit Zahnschmelz und Zahnfleisch nicht beeinträchtigt oder geschädigt werden. Dabei darf auch die Reinigung der Zunge nicht vergessen werden.

Wichtig ist es, nicht unmittelbar nach dem Essen die Zähne zu putzen, da sonst der Zahnschmelz noch weiter abgerieben wird. Lieber eine halbe Stunde warten und einen zuckerfreien Kaugummi kauen. Die Zahnbürste sollte alle zwei Monate gewechselt werden.

Kleine Entzündungen im Mund behandle ich mit Bergamotteöl. Ich gebe ein paar Tropfen in ein Glas Wasser und verwende es zur Mundspülung. Wenn nötig, reibe ich auch ein wenig Öl direkt auf die entzündete oder wunde Stelle.

Durch das Trinken von Kaffee, Tee und naturtrüben Fruchtsäften entstehen oft unschöne Verfärbungen, denen wir mit regelmäßigen

Termine zur zahnärztlichen Mundhygiene zu Leibe rücken können. Bei einer professionellen Zahnreinigung werden Verfärbungen und Zahnbeläge entfernt und es wird der Entstehung von Zahnstein, Karies und Parodontose vorgebeugt.

An regelmäßigen Kontrollbesuchen beim Zahnarzt kommen wir alle nicht vorbei. Probleme mit Zähnen und Zahnfleisch sind nicht nur ein ästhetisches Problem, sondern sie greifen auch unsere Gesundheit an.

Etwas zu beißen

Unsere Nahrungsmittel sind im Laufe unserer Geschichte immer weicher geworden. Wir ernähren uns von gekochtem Gemüse und weich gedünsteten Fleischgerichten. Auch Fast Food und die kleinen Snacks für zwischendurch sind meistens weich. Die Reinigung der Zähne durch feste, knackige Lebensmittel entfällt somit. Wenn wir unseren Zähnen etwas Gutes tun und die Speichelproduktion anregen möchten, dann essen wir zwischendurch auch Speisen und Nahrungsmittel, von denen wir abbeißen und die wir ordentlich kauen müssen. Rohes Gemüse, Äpfel, Vollkornbrot und dergleichen eignen sich hervorragend dafür.

Die im Gemüse und Obst enthaltenen Vitamine sorgen außerdem dafür, dass das Zahnfleisch, die Schleimhäute und der Knochen gesund bleiben.

Vorsicht jedoch bei säurehaltigen Obstsorten, diese können den Zahnschmelz angreifen. Was auch für unseren Erzfeind Zucker gilt. Säure produzierende Bakterien lieben ihn.

Parodontose

Ein Problem, mit dem fast jeder Zweite kämpft, ist die Parodontose. Hier rächen sich die Versäumnisse der vergangenen Jahre und die Zahnpflegesünden der Gegenwart. Parodontose wird meistens zwischen dem vierzigsten und fünfzigsten Lebensjahr akut.

Eine der Hauptursachen ist ungenügende, schlampige Zahnpflege und Mundhygiene, durch die bakterieller Zahnbelag im Übergangsbereich zwischen Zahn und Zahnfleisch entsteht. Dieser kann sich, wenn er nicht professionell beseitigt wird, zu Zahnstein und chronischen Entzündungen des Zahnapparates entwickeln. Das Zahnfleisch zieht sich zurück, die Zähne werden locker, und es droht Zahnausfall.

Wenn das Zahnfleisch gerötet und geschwollen ist, dann ist das meist schon das erste Alarmsignal. Wenn es bereits anfängt zu bluten, dann sollten wir den Besuch beim Zahnarzt nicht mehr weiter verschieben, denn diese Vorboten deuten auf eine beginnende Parodontose hin. Die Bakterien, die durch die Blutung aus den Zahntaschen in den Körper gelangen, können die Gesundheit nachhaltig schädigen.

Ich empfehle ergänzend die Anwendung der Ölziehkur, sie kann Parodontose mildern, und wir können den Kampf gegen die Bakterien aufnehmen. Das Zahnfleisch wird dadurch wieder gefestigt und das Ausfallen der betroffenen Zähne kann unter Umständen verhindert werden.

Bleaching

Unschöne Verfärbungen der Zähne sollten wir nicht hinnehmen. Leider lassen sich nicht alle Verfärbungen durch Zähneputzen beseitigen. Wenn sie tiefer in der Zahnsubstanz liegen, verfärbt sich der Zahn mit der Zeit gelblich. Das ist kein schöner Anblick und lässt uns ungepflegt und alt aussehen. Unser Zahnarzt kann uns sagen, ob ein Bleichen der Zähne bei uns machbar ist und den gewünschten Erfolg bringt. Bleachings, die in Drogeriemärten erhältlich sind, bleiben meist völlig wirkungslos und müssen über Wochen angewendet werden. Außerdem ist auch die Do-it-yourself-Variante nicht gerade billig.

Das Bleaching beim Zahnarzt kann auf zwei Arten durchgeführt werden:

Beim Home-Bleaching fertigt der Zahnarzt eine passende Bleichschiene an. Das Bleichen selbst nehmen wir zuhause vor. Das Bleichmittel wird in die Schiene gegeben und diese dann über Nacht getragen. Da das Bleichmittel geringer dosiert ist als beim In-Office-Bleaching, kann es jedoch einige Wochen dauern, bis sich der gewünschte Erfolg einstellt.

Beim In-Office-Bleaching ist ein längerer Besuch in der Zahnarztpraxis erforderlich. Der Zahnarzt trägt zuerst das Bleichmittel auf die Zähne auf und bestrahlt es dann mit Licht oder Laser. Die Behandlung dauert etwa zwei Stunden, danach ist alles erledigt und die Aufhellung hält oft mehrere Jahre.

SCHÖNE HÄNDE

In meiner Modelzeit arbeitete ich auch sehr viel als Hand- und Fußmodel. Meine damalige Bookerin, die immer an mich glaubte, hatte mir beigebracht, dass Hände und Füße perfekt gepflegt sein müssen. Das zahlte sich zum Beispiel für mich aus, als ich nach mehrwöchigen Castings in Paris, Mailand und München als einziges Model für eine große Kampagne der Firma »Efasit« gebucht wurde. Selbst bei Models ist die Hand- und Fußpflege nicht immer eine Selbstverständlichkeit. Immer wieder fällt mir auf, dass auch weibliche Stars wie Madonna, Sharon Stone oder Diane Keaton ihre Hände verstecken. Hände verraten das richtige Alter, weil sie den Umwelteinflüssen und der Sonne am stärksten ausgesetzt sind.

Altersflecken an den Händen können wir natürlich mit gesunder Ernährung vorbeugen. Sind sie schon einmal da, hilft das Einreiben mit der Schnittfläche einer frischen Knoblauchzehe oder der Saft einer Petersilienpflanze, sowie der Saft einer Zitrone.

Um die Hände schön und jung zu erhalten, sollten wir sie besonders verwöhnen. Ich achte darauf, dass meine Handcreme am Bett oder in der Handtasche immer zum Greifen nah ist, und mache vor allem im Winter regelmäßig mein ganz besonderes Verwöhnprogramm:

1 EL gemahlener brauner Zucker
1 EL Olivenöl
1 EL Mandelöl
1 TL Honig
3 Tropfen Orangenöl

Die Zutaten vermische ich in einer Tasse und massiere gleich nach der Zubereitung Hände und Arme mit der Ölmischung. Mit lauwarmem Wasser spüle ich die Arme ab und lasse den verbliebenen

Rest des Öls einwirken. Ich mache diese Behandlung gerne abends, bevor ich ins Bett gehe. Die Mischung eignet sich natürlich auch für die Füße.

JUNG BIS IN DIE HAARSPITZEN

Es gibt eine dramatische Geschichte, die mir die Bedeutung meiner Haare für mein Selbstbild erst so richtig bewusst gemacht hat.

Ich wohnte damals in Hamburg und war für ein Werbeshooting gebucht. Die Visagistin stylte meine Haare, drehte sie auf Lockenwickler und toupierte sie anschließend noch auf. Das Ergebnis war ein ganz großer, mondäner Lockenkopf im Stil der Sechzigerjahre. Am Set meinte der Fotograf nach einem kurzen Blick auf mich jedoch, dass die Frisur so überhaupt nicht passe. Er hatte sich einen jugendlicheren Stil vorgestellt, denn so würde ich ja zehn Jahre älter aussehen. Das Styling sei viel zu voluminös und hausbacken. Der Kopf müsse viel kleiner und schmaler gemacht werden.

Also musste ich zurück in den Make-up-Room. Die Visagistin wollte zur Lösung des Problems die Haare »aussoften«. Sie hatte auch eine Aussoftschere dabei. Motiviert griff sie in meine Haare und schnitt und schnitt und schnitt. Irgendwann wurde ich stutzig. Ich schaute in den Spiegel und sah keine Veränderung. Ich sagte zu ihr: »Vielleicht greifst du mal in die Haare hinein und entfernst die Haare, die du bereits geschnitten hast.« Als sie an meinen Haaren zog, war es wie in einem Albtraum. Sie hatte meinen ganzen Haarschopf abgeschnitten und nun hielt sie ihn in der Hand. Auf meinem Kopf war fast nichts mehr übrig. Ich war kurz vor einem Nervenzusammenbruch. Sie versuchte noch, es schönzureden, und meinte, wir hätten jetzt genau den Look, den der Fotograf wollte.

Um den Style zu kreieren, den der Fotograf sich vorgestellt hatte, hätten wir vielleicht einfach etwas Wasser in die Frisur sprühen oder mit Gel oder Haarwachs arbeiten können. Stattdessen hat die Stylistin geschnitten und geschnitten. Ich muss dazu sagen, dass sie zwar Visagistin und Haarstylistin, wie sich später herausstellte aber keine ausgebildete Friseurin war. Ich hätte früher einschreiten können, aber als Model war ich es gewöhnt, meine Haare und mein Gesicht in die Hände fremder Menschen zu legen. Das Team am Set konnte das ganze Ausmaß der Katastrophe gar nicht gleich sehen, weil ich Gott sei Dank sehr viele Haare habe und sie ja auch noch gestylt waren. Gleich nach dem Shooting musste ich von Hamburg nach Köln fliegen, weil ich am nächsten Tag in der Sendung »Kochen mit Zacherl« zu Gast war. Im Savoy-Hotel ging ich erst einmal unter die Dusche. Der Höhepunkt des Dramas kam erst, als ich mich danach in den Spiegel sah und merkte, wie groß der Schaden wirklich war. Ich war so verzweifelt, dass ich die ganze Nacht lang weinte.

Natürlich gibt es größere Dramen im Leben, keine Frage. Aber für ein Model, das sein Geld mit Kosmetikshootings und Werbung für Haarpflegeprodukte verdient, ist so etwas ein echtes Problem. Auch für mich als Frau war das ein Schock, ich fühlte mich nicht nur meiner Haare, sondern auch meiner Weiblichkeit beraubt. Dabei ging es nicht wirklich um die Länge. Ein schöner Kurzhaarschnitt wäre ja nicht so schlimm gewesen, aber ich sah buchstäblich aus wie gerupft. Die Stylistin hatte mir am Hinterkopf ein richtiges Loch in die Haare geschnitten und die kurzen Stummel standen auch noch in alle Richtungen.

Am nächsten Tag musste ich mit verquollenen Augen und drei Haaren auf dem Kopf zu der Aufzeichnung von »Kochen mit Zacherl«. Als Draufgabe schnitt ich mir dort nach den ersten zwei Minuten beim Filetieren des Hähnchens auch noch in den Finger.

Es dauerte fast zwei Jahre, bis meine Haare wieder in all ihrer Fülle nachgewachsen waren. Zum Glück kamen zu der Zeit gerade die Haarverdichtungen verschiedener Firmen auf den Markt. In der Übergangszeit konnte ich so meine Haare künstlich verdichten. Trotzdem war ich froh und dankbar, als ich endlich mein Volumen wiederhatte und auf die Plastikknötchen verzichten konnte.

Jahre später sah ich besagte Visagistin wieder. Ich hatte meine eigene Wäschekollektion für die Firma »Adler« herausgebracht und an diesem Tag sollte sie in einem schicken Hamburger Hotel fotografiert werden. Da saß plötzlich die Haarkillerin vor mir, gebucht von meinem Kunden. Im ersten Moment hätte ich ihr am liebsten den Kopf abgerissen. Ich berichtete ihr, was sie damals angerichtet hatte, doch das machte es natürlich auch nicht mehr ungeschehen. Der positive Nebeneffekt der Geschichte war, dass ich meine Haare von da an wirklich zu schätzen wusste.

Haarpflege nicht nur von außen

Haare altern ebenso wie wir. Spätestens wenn wir in den Wechsel kommen, fallen uns die Haare nicht nur schneller aus, sondern werden auch noch grau. Ich bin ja in vielem eine Naturliebhaberin, doch bei meinen grauen Haaren kenne ich kein Pardon. Die müssen überfärbt werden. Ich sage nicht, dass ich graue Haare grundsätzlich nicht schön finde, aber ich persönlich werde mich erst mit ihnen arrangieren, wenn ich einmal auf Bali lebe und mein eigenes Meditationszentrum habe.

Durch das Färben, das häufige Waschen und Föhnen sowie des Glätten und Verwenden der Heißwickler trocknen meine Haare natürlich aus, werden glanzlos und spröde. Viele Frauen kennen das. Da ich Naturlocken habe und morgens meist aussehe wie ein zerrupftes Huhn, wasche ich meine Haare fast täglich.

Während meiner Zeit als Model war das sowieso eine Selbstverständlichkeit. Mit ungewaschenen Haaren kommt ein Model einfach nicht an ein Set, schon gar nicht, wenn es ein Shooting für eine Haarpflegefirma ist. Die Haare eines Models werden stark beansprucht. Wie kann es also sein, dass Models immer schöne glänzende Haare haben? Die Antwort lautet: Sie haben Hairstylisten. Diese wissen genau, wie sie Volumen, Glanz und Raffinesse in die Haare bekommen und arbeiten manchmal bis zu zwei Stunden an einer einzigen Föhnfrisur.

Tipps zur äußerlichen Anwendung

- Einmal im Monat eine Ölkur machen
- Nach jedem Föhnen und Glätten Haarspitzenfluid in die Haarspitzen geben

- Nicht zu viele Haarstylingprodukte verwenden. Haargel trocknet durch den Alkohol die Haare zusätzlich aus
- Nach jedem Waschen eine Pflegespülung verwenden
- Einmal in der Woche eine Haarkur auftragen und eventuell über Nacht einwirken lassen
- Nach Haarwäsche und Spülung die Haare immer kalt ausschwemmen
- Für eine gesunde Kopfhaut regelmäßig ein Haarserum verwenden
- Bei feinen Haaren am Ende der Haarwäsche mit Mineralwasser spülen, das entfernt die letzten Shampoo-Reste
- Einmal im Monat ca. 250 g Sheabutter leicht erwärmen und in Haare und Kopfhaut einmassieren. Danach ausspülen. Das pflegt und nährt die Haare und gibt ihnen Glanz zurück.

Tipps zur innerlichen Anwendung

Bei aller äußerlichen Pflege und den verschiedenen Anwendungen sollten wir nicht vergessen, dass auch beim Haar die Pflege von innen ein großer Faktor ist. Wenn wir uns an vollwertige und vitaminreiche Ernährung halten, dann bleiben auch die Haare schön.

Die Gesundheit und Schönheit der Haare hängt direkt damit zusammen, wie gut der Körper Nahrung verdaut und die Nährstoffe, die für die Haare wichtig sind, daraus ziehen kann.

Ballaststoffe, die in Vollkorngetreide vorhanden sind, verhindern das Ansammeln von Giftstoffen im Darm, der somit die Nährstoffe gut aufnehmen kann. Fermentierte Lebensmittel wie Sojasoße, Tamari und Miso lassen die Haare erstrahlen, weil sie durch die lebenden Enzyme die Verdauung stärken und essenzielle Öle, Vitamine und Mineralstoffe enthalten. Auch eingelegtes Gemüse wie Sauerkraut hat dieselbe Wirkung. Am wirksamsten ist der tägliche Verzehr von kleinen Mengen Algen, wie Wakame, Arame, Nori und Kombu. Sie wirken direkt gegen Haarspliss und Haarausfall, frühzeitiges Ergrauen und Schuppen, indem sie das Blut mit Vitamin B, Beta-Karotin und vielen Mineralstoffen wie Kalzium – wichtig für die Struktur des Haarschafts – Phosphor, Kalium, Magnesium und Kupfer nähren.

Vor allem Aminosäuren wirken für die Haare wie eine Kur von innen. Aminosäuren sind Vitalstoffe, die besonders Haare, Haut und Nägel von innen her aufbauen und der Alterung vorbeugen.

Die Frisur

Neben dem Gesicht sind die Haare Teil unserer Visitenkarte. Übertriebene Sparsamkeit und Do-it-Yourself sind da eher fehl am Platz. In einen Friseurbesuch zu investieren und sich von einem Profi beraten zu lassen, zahlt sich meist doppelt aus.

Wir müssen unser Haar-Styling nicht jede Woche neu erfinden, doch Tatsache ist, dass nicht nur die Mode einem stetigen Wandel unterworfen ist, sondern auch wir uns im Laufe unseres Lebens verändern. Der Haarschnitt, den wir seit zwanzig Jahren tragen, muss nicht unbedingt immer noch ideal für uns sein. Ein neuer Haarschnitt kostet oft Überwindung und etwas Mut, schließlich lässt er sich nicht mehr zurücknehmen, sobald das Haar einmal ab ist. Mit den Haaren ist es aber so wie mit den meisten Dingen im Leben: die Mutigen werden belohnt. Wir dürfen uns nicht in irgendwelche Schemata pressen und Frisuren einreden lassen, nur weil sie schon seit Generationen so getragen wurden und in unserer Altersgruppe ach so beliebt sind.

Wenn ich beim Friseur etwas Neues ausprobieren will, nehme ich eine Fotovorlage mit. So kann sich der Fachmann viel schneller ein Bild von meinen Vorstellungen machen und mir auch gleich sagen, ob die Frisur für meinen Haartyp und meine Kopfform geeignet ist.

Außerdem vermeidet das Missverständnisse, die bei Erklärungen ohne visuelle Unterstützung leicht zustande kommen können. Zum Schluss lasse ich mir von meinem Friseur zeigen, wie ich das

Styling für die neue Frisur auch zuhause und ohne professionelle Unterstützung hinbekomme. In den letzten zwanzig Jahren habe ich mich so einigen Haarexperimenten unterzogen, freiwillig oder unfreiwillig. Die erfolgreichen davon möchte ich Ihnen gerne empfehlen:

Naturtalent. Ein Mix aus helleren Strähnen, Reflexen und Glanz lässt den Teint strahlen und macht jedes Gesicht weicher.

Die perfekte Welle. Ein absoluter Muss sind für mich heiße Lockenwickler. Sie sind ideal zum Stylen, wenn ich einmal nicht viel Zeit habe, und sogar auf Reisen sind sie bei mir immer mit dabei.

Push-up-Spray. Das Haarspray niemals einfach über die Frisur sprühen, denn es beschwert die Haare. Ich besprühe von unten Strähne für Strähne. Bei etwas längeren Haaren am besten kopfüber das Spray in die Haare sprühen und danach die Haare zurückwerfen.

Star-Schnitt. Frauen mit kurzen oder schulterlangen Haaren sollten ruhig zu Stufenschnitten greifen. Ein Stufen-Bob zum Beispiel verjüngt und nimmt dem Gesicht die Strenge.

Get a Pony. Ein Pony ist wie eine verführerische, freche Verjüngung für das Gesicht. Er verdeckt die Stirnfalten, und die Zornesfalte zwischen den Augen verschwindet auch bei einem fransigen Pony.

Facelift. Die Haare mit einem Lockenstab eingedreht und dann locker hochgesteckt verfeinern und strecken die Gesichtskonturen. Vor allem die Seitenpartien müssen dabei eng gestylt sein, während das Volumen auf dem Kopf ist. Ich ziehe gerne ein paar lockere Strähnchen aus der Frisur, die machen das Gesicht weich und verjüngen es. Zu besonderen Anlässen stecke ich mir auch mal eine Blume ins Haar – und finde es wunderbar. Die Frisur wirkt so frühlingshaft und frisch.

KÖRPER: MAGERWAHN UND JUGENDKULT

Gerade in meinem Beruf ist der Umgang mit dem eigenen Körper sehr mit Druck von außen verbunden. In keinem Beruf wird der Mensch wohl derart ausschließlich nach seinem Äußeren beurteilt. Ich konnte damit immer gut umgehen, weil ich mit mir selbst im Reinen war. Doch vor allem bei den jungen Mädchen war ich doch manches Mal geschockt, wie dünn und abgemagert sie teilweise in den Agenturen herumstanden, um auf ihre Castings und »Go & See«-Termine zu warten. Am liebsten hätte ich ihnen eine Semmel mitgegeben. Natürlich, die großen, jungen Mädels waren hauptsächlich für Modenschauen gebucht und Laufstegmodels müssen nun mal schlank sein. Doch dadurch hat sich ein Trend entwickelt, der den Unterschied zwischen Realität und Traumwelt verwischt hat. In meinem Bekanntenkreis gibt es viele, die durch eine Zeit der Magersucht gegangen sind. Das ist wirklich eine ernst zu nehmende Krankheit.

Auch wenn ich im Modelbusiness immer zufrieden war und meine Figur und meine Maße immer leicht halten konnte, kam doch vor einigen Jahren der Moment, in dem ich merkte, dass ich um Mitternacht keine Pasta mehr essen kann, ohne sie am nächsten Tag auf meiner Hüfte wiederzufinden. Das war der Moment, in dem ich anfangen musste, umzudenken.

Wir können uns mit dem Alterungsprozess unseres Körpers auf positive Weise auseinandersetzen und lernen, ihn zu verstehen, oder wir können den Körper zu unserem Feind erklären und massiv gegen uns selbst angehen. Mit Letzterem werden wir sicher nicht glücklich. Es gibt dutzende Bücher von amerikanischen Schauspielerinnen, die bei ihrem Schönheitschirurgen bereits die Vorteilscard feierlich überreicht bekommen und uns trotzdem weismachen wollen, die vollen Lippen, die schrägen Augen, die prallen Backen und der schlanke Körper wären das Ergebnis einer positiven Lebenseinstellung und von fünf Liter Wasser am Tag. Das ist natürlich lächerlich, entspricht aber dem amerikanischen Lebensstil.

Ich bin dafür, den Alterungsprozess zu hinterfragen, so viel wie möglich über meinen Körper zu lernen und dann konsequent und mit natürlichen Mitteln die Zeichen und Spuren des Alters zu mildern. Ernährung, Sport, regelmäßige Pflege und die Stärkung des Immunsystems sind adäquate Mittel, um fit zu bleiben. Es gibt keinen Weg, die Sünden der Vergangenheit auszulöschen, aber das Hier und Jetzt können wir nutzen, um aktiv unser Aussehen in der Zukunft zu beeinflussen.

Leben bedeutet Veränderung und Weiterentwicklung. Mein Körper und mein Geist haben andere Bedürfnisse als vor zwanzig Jahren. Ich habe mich darauf eingestellt. Mein Weg ist noch lange nicht zu Ende, es hat also keinen Sinn, ab vierzig hysterisch zu werden und auf das nahe Ende zu warten.

Der Körper ist der Tempel der Seele. Unser Körper sollte daher, egal ob dick, dünn, alt oder jung, immer so sein, dass sich unsere Seele darin wohlfühlt.

Wie sehe ich mich selbst?

Stellen wir uns einmal nackt vor einen großen Spiegel und betrachten wir unseren Körper. Überlegen wir, was sich an uns im Laufe der letzten Jahrzehnte verändert hat. Vielleicht der Busen, der Po, die Oberschenkel oder die Elastizität der Haut. Sehen wir noch einmal hin und überlegen wir, ob die Veränderungen nur uns selbst auffallen oder auch anderen. Seien wir dabei nicht zu selbstkritisch, betrachten wir uns liebevoll und entwickeln wir ein Programm, mit dem wir nicht nur gegen die ausgemachten Problemzonen angehen, sondern den ganzen Körper stärken.

Für viele Frauen sind Schauspielerinnen und Models Vorbilder, die sie aus Filmen und aus der Werbung kennen. Zwanzig Jahre lang zählte ich selbst zu diesen Vorbildern. Deshalb wundere ich mich oft, warum sich so viele von uns gerade an ihnen messen. Damit die Mädchen aussehen, wie wir es in der Werbung oder in Magazinen präsentiert bekommen, müssen meist drei bis vier Profis etliche Stunden lang an ihnen arbeiten. Danach werden die Fotos im Photoshop noch so lange retouchiert, bis auch die kleinste Unebenheit und jeder Makel beseitigt sind.

Suchen wir uns doch lieber realistische Vorbilder, keine minderjährigen Models mit Essstörung.

Ich persönlich liebe die Fotos von Hollywoodstars im wirklichen Leben. Ohne ein Team von Stylisten, Visagisten, Beleuchtern und genialen Fotografen und Kameramännern sehen sie aus wie jeder andere auch. Falten, Cellulite und Speckröllchen treffen auf unvorteilhafte Klamotten und furchtbare Frisuren.

Was wir tun können

Schönheit wird manchen von uns vielleicht in die Wiege gelegt, doch darauf ausruhen kann sich niemand, auch kein Topmodel. Glauben Sie mir.

Wenn Sie Models, die für die »Victoria's Secret«-Modenschau gebucht werden, fragen, wie sie sich auf die Show vorbereitet haben, werden sie nicht hören: »Ach, ich hab nachmittags Kuchen gegessen und bin auf dem Sofa gelegen, dann hab ich mir die Nägel lackiert.« Nein, sie alle müssen ein tägliches Training absolvieren und auf ihre Ernährung achten.

Wir alle haben die Verantwortung, unseren Körper in Schuss zu halten, wenn wir langfristig gesund und glücklich in ihm wohnen wollen. Die Motivation steigt mit den ersten Erfolgen. Wenn wir wieder in unsere alten Jeans passen oder in das sexy Sommerkleid, wenn wir Komplimente für unser Aussehen bekommen, dann fällt es nicht mehr ganz so schwer.

Kleine Beautyrituale, bei denen wir uns wohlfühlen und entspannen können, helfen zusätzlich. Ich nehme mir ab und zu Zeit und genieße einen Nachmittag in der Sauna, lasse mich massieren oder lege mich abends in die duftende Badewanne. Rituale sind wichtig, da sie uns das Gefühl von Vertrautheit und Sicherheit geben. Sie sind mehr als nur Gewohnheit. Sie bedeuten, dass wir uns Zeit für uns selbst nehmen und diese intensiv genießen. Die Regelmäßigkeit der Anwendungen führt nicht nur zu einem Wohlfühleffekt, sondern fördert auch die alterslose Schönheit. Nur durch Regelmäßigkeit und Hingabe können wir uns langfristig jung halten.

Wasser, betörende Düfte, sanfte Massagen und exquisite Peelings verwöhnen die Haut und unsere Sinne. Der Orient bietet eine enorme Zahl an verführerischen Schätzen, die uns entspannen und in die Welt des Morgenlandes eintauchen lassen.

Hamam – das Reinigungsritual aus dem Orient

Meine Wurzeln väterlicherseits liegen in Marokko. Obwohl ich nicht in Marokko aufwuchs, hat mich das Land meiner Ahnen schon als kleines Mädchen fasziniert. Die Musik, die Traditionen, die Art, sich einzurichten, und vor allem die Schönheitsgeheimnisse der Marokkanerinnen bezaubern mich auf außerordentliche Weise.

Viele Frauen aus dem Orient halten sich laut ihrem Glauben entsprechend nur an zwei Orten unverschleiert auf: zuhause und im Hamam. Im modernen Marokko ist der Besuch im Hamam eine Leidenschaft geworden, der die Marokkanerinnen gerne frönen. Mindestens einmal in der Woche pflegen sie das entspannende Ritual, das nicht nur den Körper, sondern auch die Seele reinigt.

Zu Beginn liegen die Damen auf warmen Marmorsteinen und können dabei erst einmal in Ruhe »ankommen«. Durch den Wasserdampf öffnen sich die Poren der Haut, Giftstoffe und Schlacken werden ausgeschwitzt. Nach einem Peeling aus Meersalz oder einem Loofa-Schwamm, der aus dem faserigen Inneren des Schwammkürbis gewonnen wird, wird der Körper immer wieder abwechselnd mit heißem und kaltem Wasser sanft abgespült, das aus kleinen Metallschalen über den Körper fließt. Das Hamamritual ist in allen arabischen Ländern und Kulturen bekannt. Es gibt jedoch regionale Unterschiede bei den Anwendungen.

Ich kenne es so, dass nach dem Peeling eine Art Schlamm aus Tonerde auf den ganzen Körper aufgetragen wird. Dieser ist reich an

Magnesium, Eisen, Kalzium und Taolin und hat eine entschlackende Wirkung. Nach dem Abspülen wird das marokkanische Arganöl oder ein zartes Rosenöl aufgetragen und in die Haut einmassiert. Arganöl ist reich an den wunderbarsten Inhaltsstoffen, die nun optimal von der Haut aufgenommen werden, das Rosenöl verströmt einen verzaubernden Duft und rundet den Traum von Tausend und einer Nacht ab.

Nach einem Besuch im Hamam haben Frauen nicht nur eine schöne, zarte Haut. Sie können sich dort auch entspannen und geistig mit Freundinnen und Familienmitgliedern austauschen. Der Hamam ist ein Kommunikationszentrum, in dem die Frauen unter sich sind, ihre Schönheit pflegen und sich natürlich auch dem neuesten Tratsch und Klatsch aus der Familie und der Nachbarschaft widmen können. Es gibt nichts Entspannenderes.

Das Schöne an einem Hamambesuch ist, dass es eben kein Fitnesstempel ist, in dem Frauen mit einem gestählten, makellosen Körper beeindrucken müssen. Es ist egal, ob eine Frau ein Bäuchlein hat oder nicht. Die anderen Damen kommen aus jeder Altersklasse und sehen auch nicht anders aus. Frauen können sich dort sowohl innerlich als auch äußerlich wohlfühlen, das ist das Entscheidende.

Wichtig ist es, nach dem Hamam oder einem Dampfbadbesuch im lokalen Hallenbad – denn auch dort können Frauen mit einem Loofa-Schwamm bewaffnet ihr eigenes Hamamritual ausüben – viel zu trinken. Im Hamam wird meistens ein Pfefferminztee mit frischen Minzblättern gereicht.

Auch für europäische Frauen ist der Hamam ein Wellnessparadies. Mit ein paar Freundinnen wird der Besuch zu einem einzigartigen Erholungstag.

Kopfmassageritual

Ein weiteres traditionelles Ritual, das ich mir regelmäßig gönne, ist die Kopfmassage. Sie belebt nicht nur die Sinne, sondern auch die Sinnlichkeit. Stress und Alltagssorgen sind schnell vergessen, wenn die Kopfhaut mit sanften, kraulenden Bewegungen massiert und entspannt wird. Nach dem Kopf kann die Massage auf die Region um die Ohren, die Stirn und die Augenpartie ausgeweitet werden. Zum Abschluss kann auch noch eine kleine Nackenmassage dazukommen. So fällt was immer uns belastet schnell von uns ab. Wird für die Massage im Nacken und an den Schläfen ein orientalisches ätherisches Öl verwendet, wird zusätzlich unser Geruchssinn stimuliert, und wir können uns wunderbar ins Morgenland träumen.

Meine erste Kopfmassage, an die ich mich auch heute noch gerne erinnere, bekam ich 1995 bei einem Aufenthalt in Australien. In Sydney gab es damals schon ein recht bekanntes Day-Spa, in das ich nach vielen Castings und Terminen erschöpft eincheckte. Es war nur noch ein Termin für eine Kopfmassage frei. Da ich an diesem Tag starke Kopfschmerzen hatte, kam mir diese Massagevariante wie gerufen. Sobald der Masseur meinen Kopf berührte und meine Haare komplett mit einer nach Lavendel duftenden Mischung ätherischer Öle übergoss, entspannte ich mich. Diese Art von Massagetechnik war mir bislang unbekannt. Mit seinen Fingerspitzen strich er zum Beispiel meinen Haaransatz aus. Meine Haare bezog er in die Massage mit ein, indem er mit sanften, ruckartigen Bewegungen meine Haare in Richtung der Spitzen auszog. Ich spürte förmlich, wie sich die Blockaden in meinem Kopfchakra lösten, meine Gesichtszüge weicher wurden und sich meine Nackenmuskulatur entspannte.

Heute weiß ich, dass viele Verspannungen im Gesicht, die zu Falten führen und harte Gesichtszüge verursachen, ihren Ursprung in einer Blockade im Kopfbereich haben. Auch wenn ich keine akuten, spürbaren Verhärtungen im Nacken habe, gönne ich mir regelmäßig den Luxus einer Nacken- und Kopfmassage.

Wenn kein Masseur greifbar ist, können wir ja den Lebenspartner oder eine gute Freundin zum Massagetherapeuten »ausbilden«.

Denn eine sanfte Massagetechnik – wie oben beschrieben – kann jeder erlernen.

> *Für erotische Stunden mit unserem Partner ist eine sanfte Kopfmassage ein sinnlicher Beginn, denn durch sie können wir uns vollkommen auf die Hände unseres Partners konzentrieren und so den Rest der Welt vergessen.*

Baderitual

Es gibt kaum einen Ort, an dem ich so schnell zur Entspannung finde, wie in der Badewanne.

Eigentlich sollten wir nicht öfter als einmal in der Woche baden, doch bei mir sind es im Winter auch gerne einmal zwei oder drei Mal. Wichtig ist jedoch, was ich in das Badewasser gebe, und wie ich mich danach pflege.

Mein Favorit, um meine Sinne und meine Seele wieder zu beleben, ist das betörende Rosenbad.

> *Die Rose ist nicht nur meine Lieblingsblume, sondern auch ein Symbol der Reinheit und Eleganz. Rosenöl ist reinste Beauty-Power: Es sorgt für einen ebenmäßigen Teint, regt die Zellerneuerung an, beruhigt gerötete, gereizte Haut und tötet sogar Bakterien und Viren ab. Sein Duft enthält den natürlichen Glücksspender Phenylethylamin, kurz PEA, der das Lustgefühl beflügelt.*

Mindestens fünfzehn Minuten lang in einem mit Rosenblättern und Rosenöl angereicherten Bad, und ich fühle mich wie im siebten Himmel. Die Wassertemperatur eines Bades liegt idealerweise bei 35 bis 37 Grad. Bei zu kaltem Badewasser ist der Entspannungseffekt eher dürftig, bei Temperaturen über 38 Grad werden Haut und Kreislauf belastet. Bei idealer Temperatur, herrlichen Düften und entspannender Musik wird ein Bad zum Genuss für die Sinne.

Enthaarungsritual

Wilder Haarwuchs darf gerne auf dem Kopf stattfinden, nicht aber an Armen, Beinen und im Intimbereich. Wem Wachsen oder Epilieren zu schmerzhaft ist und wen Rasieren nervt, dem lege ich die traditionelle orientalische Art der Haarentfernung ans Herz: Halawa.

Die Entfernung von Körperhaaren gehört zur Badekultur und wird im Hamam und zuhause gemacht, oft auch gemeinsam mit Freundinnen oder Familienmitgliedern, da die Paste auf diese Weise nur einmal hergestellt werden muss. Halawa besteht aus Zucker und Zitronensaft, die im Verhältnis eins zu eins gemischt werden. Je nach Rezept kommt noch wahlweise Wasser oder Öl dazu. Die Zusammensetzung und das Mischverhältnis sind Geschmackssache. Einfach ausprobieren und experimentieren.

DAS REZEPT:

10 EL Zucker
1 EL Wasser
Saft einer Zitrone

Die Mischung aufkochen bis sie karamellfarben ist, danach unter ständigem Umrühren abkühlen lassen. Dann mit einem Löffel oder einer Spatel in Wuchsrichtung der Haare auftragen. Mit Stoffstreifen gegen die Wuchsrichtung abziehen. Die Stoffstreifen können gewaschen und wiederverwendet werden. Halawa kann zum Entfernen aber auch ohne Hilfsmittel einfach in kleinen Schritten mit der Hand abgerollt werden. Reste mit Wasser entfernen. Diese Methode ist schonender als das Wachsen, da die Haare nicht an der Haut festgeklebt werden. Die Entfernung ist dadurch weniger schmerzhaft, und die Haut wird weniger gereizt. Bei regelmäßiger Anwendung wird das Nachwachsen der Haare verlangsamt. Die Härchen werden feiner und der Schmerz mit jedem Mal geringer. Manche Haare kommen auch gar nicht wieder. Im Gegensatz zur Haarentfernung mit Wachs wird bei der Halawa-Haarentfernung die Paste nicht heiß aufgetragen. Dadurch wird die Haut geschont.

Wem das Anrühren der Paste zu mühsam ist, der kann sie auch fertig in der Drogerie oder im Reformhaus kaufen. Ich finde es jedoch besser, meine eigene Mischung und Konsistenz zu bestimmen.

Erotisches Duftritual

Die Welt der Düfte hat im Orient eine lange Tradition. Die Menschen benutzten Hölzer, Harze und Gewürze, um sie den Göttern zu opfern oder um ihre Häuser zu parfumieren. Von Ägypten aus gelangten sie durch die Römer nach Europa.

Auf jedem Markt und in jedem Haus im Orient begegnen einem würzige Aromen. Ob Räucherwerk oder duftende ätherische Öle, ich liebe sie alle. An die intensiven Düfte und Duftmischungen musste allerdings auch ich mich erst gewöhnen. Sie sind viel schwerer und schweben lange in der Luft.

Das Parfumieren mit einem arabischen Parfumöl kann zu einem eigenen Ritual werden. Aus den wunderschönen Kristallflacons auszuwählen, die Haut sanft mit dem Öl zu bestreichen und den Duft auf sich wirken zu lassen, vertreibt jede Hektik.

Eines meiner Lieblingsräucherstäbchen ist das Nag-Champa. Es eignet sich auch, um einen neuen Raum wie ein Hotelzimmer zu reinigen.

> *Vanilleöl am Handgelenk und im Nacken wirkt betörend, da uns die Vanille an Muttermilch erinnert. Es vertreibt Müdigkeit und hellt die Stimmung auf.*

Meine privaten Beautyrezepte

Ich liebe duftende Bäder und natürliche Körperpeelings für eine zarte Haut und habe Ihnen hier die Rezepte für meine ganz persönlichen Wohlfühl-Produkte zusammengestellt. Sie bestehen vorwiegend aus

Nahrungsmitteln und Gewürzen wie Honig, Couscous, Zimt, Ingwer und Kardamom. Alles, was ich auf meine Haut auftrage, könnte ich theoretisch auch zu mir nehmen. Ich arbeite ganz bewusst mit aromatischen orientalischen Gewürzen, da sie die Anwendung der Bäder und Peelings nicht nur zu einem Dufterlebnis machen, sondern auch die Durchblutung der Haut fördern, entzündungshemmend und antiseptisch wirken und Schadstoffe binden.

Die ätherischen Öle der Gewürze haben die unterschiedlichsten Wirkungen. Pfefferkörner wirken durchblutungsfördernd und antibakteriell. Der Duft von Zimt entspannt, sein Öl wirkt antiseptisch und kurbelt die Leidenschaft an. Kardamom wird auch »Königin unter den Gewürzen« genannt und war schon in der Antike bekannt und beliebt. Ihr würziger Duft verströmt heimeliges Weihnachtsfeeling, löst sexuelle Blockaden und wirkt aphrodisierend.

Marokkanisches Körperpeeling

100 ml Arganöl
50 ml Sesamöl
20 ml Mandelöl
2 Tassen brauner Zucker
2 EL Honig
1 TL Zimt
1 Brise Kardamom

Billig ist das Arganöl nicht, da es ein sehr kostbares und wertvolles Öl ist, aber die Wirkung rechtfertigt den Preis. Honig wirkt auf die Haut enorm beruhigend und lindernd.

Körperpeeling mit Heilerde

1–2 Tassen Heilerde
2 Tassen feines Meersalz
Kamillentee oder Blütenwasser

Ich vermische die Zutaten gründlich und verreibe die Masse großzügig auf dem Körper. Mit dem Abspülen warte ich 10 bis 15 Minuten, damit die Heilerde ihre Wirkung entfalten kann. Optimal nach Dampfbad oder Hamam.

Körperpeeling mit Kaffeesatz und Sahne

1 Tasse Kaffeesatz
2–3 EL Sahne
Wahlweise 1 TL Zucker und 1 TL Sesamöl hinzufügen

Diese Mischung ist ein hervorragendes und preiswertes Mittel gegen Schuppenbildung. Sahne und Sesamöl machen die Haut zudem äußerst geschmeidig.

Die Mischung sollte nicht aufbewahrt, sondern am besten gleich verbraucht werden, da sie durch die Sahne schnell verdirbt.

Körperpeeling mit Ingwer

3 EL Ingwerpulver
1 TL Pfefferkörner
4 EL gemahlener Vollkornreis
2 TL Sesamöl

Ich mahle den Reis und die Pfefferkörner in einer Kaffeemühle und vermenge diese Masse mit Öl und Ingwerpulver. Die Mischung massiere ich in die feuchte Haut ein und spüle meinen Körper nach wenigen Minuten ab. Dieses Körperpeeling wirkt äußert belebend und vitalisierend.

Körperpeeling mit Couscous

1 Tasse Couscous
3 EL Olivenöl

Den Couscous vermische ich mit dem Olivenöl zu einem Brei, den ich langsam erwärme. Die warme Paste trage ich auf den Körper auf und massiere sanft die einzelnen Regionen. Die Haut wird glatt und geschmeidig. Die Reste spüle ich mit Wasser ab.

Rosenölbad

2 EL Rosenwasser (erhältlich auf Märkten oder im Orientladen)
50 ml Traubenkernöl

Das Rosenölbad umgibt uns mit einem herrlichen Duft und verwöhnt die Haut.

X-Mas-Rezept

Saft aus 4–6 Orangen
½ TL Zimt
2 EL Sesamöl

Dieses Bad bereite ich mir zu, wenn ich im Winter in eine depressiven Stimmung gerate. Die fruchtige Mischung wirkt nicht nur erfrischend und belebt, sie ist auch sehr gut für die reife Haut. Diese Überzeugung herrscht zumindest in China, wo das Orangenbad eine alte Tradition ist.

Die wichtigste Eigenschaft des Orangenzusatzes liegt in seinem positiven Effekt auf unseren Organismus und unsere Psyche durch die Entspannung der glatten Muskulatur. Bereits der Duft vermittelt das Gefühl von vollkommener Entspannung. Das regt die Produktion des Hormons Enkephalin an, das sich wiederum positiv auf unsere Stimmung auswirkt. Der Orangenbadezusatz ist deshalb sehr ausgleichend und sorgt für innere Ruhe bei Gereiztheit und Stimmungsschwankungen.

»VIP-Tipps« – Very Important Power-Tipps

Kürzlich war ich Gast bei einer Modenschau. Da fiel mir wieder einmal auf, dass gerade die jungen Mädchen, die wunderschön waren und eine Körpergröße von über 1,70 hatten, die Mode zwar an sich präsentierten, Körperspannung und kraftvolles Auftreten allerdings fehlte. Ihre schlechte Haltung und die unrasierten Beinen fielen nicht nur mir ins Auge. Daher möchte ich ausführlich, auch an junge Mädchen, meine VIP-Tipps weitergeben. Denn eine gute Körperhaltung und eine glatte straffe Haut unterstreichen die Schönheit jeder Frau.

Kalt – Warm. Mein erster Tipp lautet frei nach Kneipp: Kalt abduschen, und zwar jeden Tag. Das ist herrlich nach der heißen Dusche, dem Bad oder dem Saunagang. Den Duschkopf dabei von unten Richtung Herz führen. Auch wenn wir uns nicht dazu überwinden können, den Wasserstrahl bis über den Bauch zu führen, weckt das kalte Wasser selbst den größten Morgenmuffel. Kalte Duschen sind gut für das Bindegewebe, sie regen die Durchblutung an und die Haut bleibt langfristig straffer und glatter. Falten und Cellulite können wir so erfolgreich den Kampf ansagen. Außerdem wird das Immunsystem gestärkt, sodass Grippeviren bald keine Chance mehr. Nach dem Sport sind Wechselduschen eine Wohltat und beugen Muskelkater vor. Die gemarterten Muskeln dehnen sich erst und ziehen sich dann wieder zusammen. So können sie auf schonende Weise entgiften, da die angesammelten Schadstoffe im Muskel abgebaut werden. Eine kräftige Schwammmassage verstärkt den positiven Effekt noch.

Eine glatte Sache. Mein zweiter Tipp ist ein Ever-green, aber bei vielen Damen kein Ever-do: Haare an Armen, Beinen, Achseln und im Intimbereich müssen regelmäßig entfernt werden. Hier darf keine Müdigkeit aufkommen. Den Nassrasierer habe ich immer im Badezimmer liegen. Wer nach einer dauerhafteren Lösung sucht, kann die störenden Härchen auch wachsen, epilieren oder lasern lassen. Beim Festival in Woodstock waren Achselhaare vielleicht noch sexy, doch das Jahr 1969 ist lange her. Dies gilt auch für die Herren der Schöpfung, vor allem wenn sie Sport betreiben. Schön, wenn ihre Frau auf eine wilde Brustbehaarung steht, ästhetischer und hygienischer sind rasierte Achseln und eine haarlose Brust.

Bauch rein – Brust raus. Wir alle haben schon einmal aus der Entfernung eine Gestalt gesehen und gedacht, ein älterer Mensch käme uns entgegen. Der Rücken ist rund, und die Haltung ist gebeugt. Die Schultern hängen, und die Schritte wirken angestrengt. Bei näherem Hinsehen stellt sich plötzlich heraus, dass der Betreffende vielleicht erst Ende dreißig ist. Seine Körperhaltung lässt ihn viel älter erscheinen. Selbst, wenn nicht alle Haltungsfehler auf einmal auftreten: es genügen schon zwei von ihnen, um unsere Wirkung auf andernegativ zu beeinflussen. Mit Jugend assoziieren wir Kraft und Energie. Diese bringe ich durch meine Körperhaltung zum Ausdruck. Ein aufrechter und selbstbewusster Gang, bei dem die Schultern locker fallen, und fließende Bewegungen lassen mich jung und dynamisch wirken. Zu viel Zeit am Schreibtisch lässt uns langsam zusammensinken und es können Schmerzen in Nacken und Rücken entstehen. Unseren Rücken sollten wir daher durch Gymnastik oder spezielle Übungen im Fitnesscenter stärken. Unsere Körperhaltung und unseren Gang sollten wir immer im Hinterkopf behalten und wenn nötig korrigieren. Auch dann, wenn wir uns gerade unbeobachtet fühlen.

Der Bunny-Knicks. Als ich 1989 zum Playmate des Jahres gewählt wurde, war ich ab und zu auch auf Playboy-Partys zu Gast. Dort liefen die sogenannten Bunnies in ihren sexy Kostümen herum und servierten den Gästen Drinks. Sie wurden von der Geschäftsleitung angewiesen, aufrecht zu gehen, was durch die Kostüme gar nicht anders machbar war, sich aber beim Servieren auch nicht zu bücken, um in den engen Clubs Unfälle zu vermeiden. So lernten sie den aufrechten Knicks. Es mag zwar etwas absurd klingen, wenn ich ihnen, wenn ihnen sage, dass ich diesen Bunny-Knicks jeder Frau empfehle, aber genau das tue ich. Auch selbstbewusste und spirituelle Frauen lässt der Bunny-Knicks eine gute Figur machen, denn er wirkt grazil und erotisch.

Hilfe von Beauty-Doc & Co

Mit der richtigen Ernährung, Pflege und Bewegung können wir das Beste aus unserem Körper herausholen. Doch was, wenn das nicht genug ist? Viele Frauen leiden unter Problemen, denen mit einem gesunden Lebensstil nicht beizukommen ist. Die moderne Schönheitschirurgie bietet in diesen Fällen Hilfe. Ich rate nicht dazu, wie ein Junkie alle paar Monate zum Schönheitschirurgen zu laufen. Aber wer nach reiflicher Überlegung und dem Sammeln von Informationen zu dem Entschluss kommt, dass er eine mechanische Unterstützung für seine Körpergestaltung benötigt, weil die herkömmlichen kosmetischen Behandlungen nicht mehr die gewünschte Wirkung erzielen, der soll es tun. Warum auch nicht, wenn er danach glücklicher und mit seinem Körper zufriedener ist?

Bei einer Neueröffnung, zu der ich eingeladen war, kam ich in Kontakt mit einem interdisziplinären Ärztezentrum. Es gibt dort für jede Sparte der plastischen Chirurgie einen Spezialisten. Sowie, was ich ganz besonders spannend fand, eine Gynäkologin, einen Hautarzt und eine Kosmetikerin. Dieses Konzept des »Med-Spa« fand ich genial.

Wir müssen nicht alles so akzeptieren, wie es ist, nur weil es von Gott so gegeben ist. Die Zeiten haben sich gewändert. Worauf es bei jedem chirurgischen Eingriff ankommt, ist Natürlichkeit. Der Schönheitswahn vieler Frauen führt oftmals zu einer Künstlichkeit, die alles andere als attraktiv ist. Das Ziel ist jedoch eine Verschönerung, die so natürlich wirkt, dass niemand auf die Idee kommt, wir hätten chirurgisch nachgeholfen.

Krampfadern & Besenreiser

Von meiner Mutter habe ich viel gute Gene geerbt, aber leider auch die starken Venen, die zu Krampfadern führen. Damit bin ich nicht alleine. Viele Frauen leiden unter Krampfadern und Besenreisern in den Beinen.

Krampfadern und Besenreiser sind ein weitverbreitetes Problem, denn durch das Übereinanderschlagen der Beine »züchten« wir sie an Waden und Oberschenkeln. Auch High Heels tun das Ihre dazu, indem sie den Blutfluss in den Beinen beinträchtigen.

Krampfadern entstehen durch übermäßigen Verzehr von bestimmten Lebensmitteln, die einen stark erweiternden Effekt auf das Gewebe und somit auch auf die Venen haben. Das Gewebe erschlafft und das Blut kann nicht mehr in den Bahnen gehalten werden.

Zu diesen gewebserweiternden Lebensmitteln gehören Kartoffel, Fruchtsäfte, Zucker, Milch, Kaffee und Eiscreme. Eine pflanzliche, abwechslungsreiche Ernährung einschließlich Gemüsesorten wie Kürbis, Zwiebel, Pastinake und Süßkartoffel (sie alle stärken die Milz und somit das Gewebe), ist die beste Vorsorgemedizin.

Um eine erst kürzlich entstandene Krampfader wieder loszuwerden, können wir jeden Tag vor dem Schlafengehen zehn Minuten lang abwechselnd heiße und kalte Handtücher auf die betroffene Vene legen, während wir eine Umeboshi-Aprikose – erhältlich im Reformhaus – lutschen.

Wer schon länger unter Krampfadern oder Besenreisern leidet, sollte das von einem Facharzt für Venenleiden behandeln lassen. Die Behandlung der unschönen knotigen Venen lässt die Beine mindestens zehn Jahr jünger wirken. Das hat nicht nur ästhetische Vorteile, sondern sorgt auch für die Erhaltung unserer Gesundheit.

Die Fett-weg-Spritze

Die sogenannte Injektionslipolyse verspricht das wahr zu machen, was wir uns alle erträumen: Abnehmen an der richtigen Stelle. Bei dieser Behandlung spritzt der Arzt Phosphatidylcholin, ein Lecithin, das aus der Sojapflanze gewonnen wird, direkt in die Fettpölsterchen und lässt so die Fettzellen platzen. Die Spritze soll angeblich das Fett wie Eis in der Sonne schmelzen lassen.

Das Fett wird danach vom Körper über die Leber ausgeschieden. Fettzellen, die mit dieser Methode bekämpft wurden, sollen auch nicht wiederkehren.

Diese Methode eignet sich, um kleine Korrekturen an heiklen Stellen vorzunehmen, wie dem Doppelkinn, den Knien oder den Knöcheln. Auch Fettpölsterchen, die trotz Sport und vernünftiger Ernährung nicht verschwinden wollen, können damit bekämpft werden. Bei allgemeinem Übergewicht hat es wenig Sinn, sich die relativ schmerzhaften und teuren Spritzen in die Bauchdecke, die Oberschenkel oder den Po geben zu lassen.

Bei der Fett-weg-Spritze ist auch die »Suchtgefahr« sehr hoch, denn die Verlockung, statt ausgewogener Ernährung schnell zur Spritze zu greifen, wenn wir wieder einmal gesündigt haben, ist groß.

Der Weg zum gut ausgebildeten Spezialisten zahlt sich in jedem Fall aus. Er berät und kann die Behandlung sachgemäß und ohne Risiko durchführen.

Kryoform

Kyroform ist eine Behandlung, die ich im Zuge der Recherche für dieses Buch getestet habe und die für mich eine gute Alternative zu Fett-weg-Spritze und Fettabsaugung darstellt. Bei der Kryolipolyse geht es darum, den Fettzellen mit Kälte den Garaus zu machen. Wie bei der Spritze kann der Therapeut hier ganz gezielt unsere Problemzonen angehen.

Meine Behandlung lief folgendermaßen ab: Ich lag bequem auf einer Liege, und eine ausgebildete Therapeutin legte den Applikator auf meinen Bauch. Als plötzlich mein halber Bauch in dem Gerät verschwand, erschrak ich etwas, doch das gehörte eben dazu. Was sich am Anfang etwas unangenehm anfühlte, konnte ich durch meine Atemtechnik ausgleichen und nach ein paar Minuten war ich mit der Situation vertraut und konnte mich entspannen. Meine Fettzellen froren in der Zwischenzeit bei minus vierzig Grad. Nach der Behandlung fühlte sich mein Bauch sehr kalt an und war leicht gerötet, was sich jedoch nach ein paar Minuten wieder gab.

Nach der ersten Sitzung dürfen wir noch keine Wunder erwarten, darum wird auch ein Paket von zwei Sitzungen angeboten. Wichtig ist, dass beide Termine wahrgenommen werden, da die Fettzellen vier Wochen benötigen, um abgebaut zu werden. Es ist besonders wichtig, nach den Behandlungen viel zu trinken, um die zerstörten Fettzellen auszuleiten.

Fit und Jung durch Sport

Sport und körperliche Betätigung sind unerlässlich für ein langes Leben. Ob Power-Walking, Lauftraining oder ein Besuch im Fitnessstudio, regelmäßige Bewegung sorgt dafür, dass der Körper optimal mit Sauerstoff versorgt wird. Sauerstoff ist die Waffe der Zellen im Kampf gegen freie Radikale. Wir können damit einer vorzeitigen Alterung der Haut vorbeugen, und die Zellen können sich schneller erneuern. Dabei ist es gar nicht nötig, zum Hochleistungssportler zu mutieren, etwa dreißig Minuten Training am Tag genügen vollkommen.

Es ist nicht leicht, die richtige Dosis für sich selbst zu finden, daher sollten wir uns nicht an anderen orientieren. Unsere Freundin oder unser Partner haben vielleicht eine bessere Kondition oder auch bloß mehr Zeit zum Trainieren als wir. Deshalb dürfen, auch wenn wir mit ihnen gemeinsam trainieren, nur unsere Parameter gelten.

Auch Paniktrainings sollten wir tunlichst vermeiden. Wir kennen sie alle: Hoch motiviert melden wir uns zum Beispiel nach den Weihnachtsfeiertagen oder kurz vor dem Badeurlaub in einem Fitnessstudio an und trainieren dann total hysterisch, bis uns beim dritten Besuch schon die Lust verlässt. Am Anfang viel zu viel zu wollen ist der Feind jeder sportlichen Betätigung, denn die Enttäuschung und der Frust bleiben nicht aus.

Machen wir uns als Erstes bewusst, warum wir mit dem Training beginnen wollen. Danach stellen wir uns mental darauf ein und schaufeln unseren Terminkalender frei. Ein bis drei Mal in der Woche, egal zu welcher Tageszeit, ist Sport angesagt. Die Termine müssen zu Fixsternen in unserem Universum werden. Manchen hilft es, auch ihrem Bekanntenkreis davon zu erzählen, denn die Angst vor einer öffentlichen Niederlage motiviert sie und sie widerstehen leichter der Versuchung, das Training jede zweite Woche abzusagen.

Fitness und Sport sind die beste Prävention für unangenehme Alterserscheinungen.

Schon nach wenigen Trainingseinheiten spüren wir eine Verbesserung der persönlichen Fitness, und wenn wir es richtig machen, ist uns auch bald eine körperliche Veränderung anzusehen.

Sport bringt unseren Blutzucker- und Insulinspiegel unter Kontrolle, was wie ein Appetithemmer wirkt. Unsere Figur profitiert davon doppelt.

Unser natürlicher Feind ist die Schwerkraft, daher müssen wir, ob wir wollen oder nicht, mit etwas Krafttraining dagegen ankämpfen. Und es wird mit der Zeit nicht leichter.

Die Sportart unserer Wahl

Nicht jede Sportart ist für jedermann geeignet. Auch wenn im Moment alle unsere Kolleginnen und Bekannten zu diversen Zumba-, TRX-, Capoeira- oder Skiken-Kursen pilgern, sollten wir uns Zeit nehmen, um die Sportart zu finden, die am besten zu uns passt und uns wirklich Spaß macht. Probetrainings sind meist kostenlos, warum also nicht zuerst alles ausprobieren, bevor wir uns womöglich zu einem Jahresvertrag verpflichten.

Für diejenigen, die wenig Zeit haben, empfehle ich Übungsmethoden, denen man ohne viel Aufwand nachgehen kann, wie »Powerplate«, »Bodystreet« und »M.A.N.D.U.« Ich nenne sie gerne »Fitness-Quickies«.

Bei meinen Beauty-Seminaren in Hotels erlebe ich oft, dass sich Frauen einfach nicht über die Schwelle des Fitness- oder Yogastudios trauen. Sie würden zwar gerne mitmachen und sich selbst etwas Gutes tun, doch ihre Angst, sich vor den vielen Fremden, die alle so routiniert aussehen, zu blamieren, siegt. Dabei ist diese Angst vollkommen unbegründet. Erstens haben auch all die anderen einmal angefangen und sich in ihrer ersten Trainingseinheit wahrscheinlich genauso ungeschickt angestellt, wie wir das von uns selbst fürchten, und zweitens sind meist ohnehin alle nur mit sich selbst und ihrem Training beschäftigt, sodass sie gar nicht mitbekommen, dass wir da sind. Also überwinden wir doch ganz einfach unsere Ängste, zur Not mit etwas Hilfe in Gestalt einer Freundin.

Beim Sport zählt nur das Ergebnis. Was wir während des Trainings für eine Figur machen und was andere dabei von uns denken, hat keine Bedeutung.

Natürlich ist das alles leichter gesagt als getan. Auch ich kenne diese Angst nur zu gut. Als ich vor circa fünfzehn Jahren in der vollen Blüte meines Körpers stand, gab es bei uns in München ein Fitnessstudio, in das ich mich richtig zwingen musste. Dort gab es quasi einen Laufsteg, an dem ich vorbei musste, um in die Kabinen zu gelangen. Die »Zuschauer« saßen auf ihren Fahrrädern und begutachteten einen von oben bis unten. Ein wahrer Spießrutenlauf. Jetzt fragen sich sicher viele, warum das für mich so unangenehm war. Ich hatte doch die Figur, das Aussehen ... Tja, das stimmt, aber mein Selbstbewusstsein war mit Mitte zwanzig einfach etwas wackelig.

Suchen wir uns also ein Studio, in dem wir uns wohlfühlen, und beginnen wir einfach mit unserem Trainingsprogramm. Mit ein bisschen Disziplin und einem Ritual, das uns Spaß macht und motiviert, ist es zu schaffen. Das kann der Dampfbadbesuch danach sein oder ein frisch gepresster Saft nach der Yogastunde. Einen Zwischenstopp bei der nächsten Fast-Food-Kette sollten wir allerdings eher nicht ins Auge fassen.

Dancing Stars – Mein intensives Tanztraining

Ein wahrer Jungbrunnen und fast ein therapeutisches Erlebnis war für mich meine Erfahrung bei dem TV-Format »Dancing Stars«. Als die Mail mit der Einladung vom ORF kam, hat es mich fast vom Hocker gehauen. Damals gab es dieses Format noch nicht in Deutschland, aber ich hatte es zufällig schon zwei oder drei Jahre zuvor im Wiener Hotel Triest im Fernsehen gesehen. Ich hatte schon beim Zuschauen Spaß und fand das Konzept der tanzenden Prominenten wirklich toll. Als meine Teilnahme dann bestätigt wurde, sah ich mir auf Youtube Videos von Tanzpaaren aus alten Staffeln an. Es gab kaum einen Tanz, der mich nicht beeindruckte. Die Paare erbrachten echte Höchstleistungen. Von Anfang an fand ich es faszinierend, wie es den Teilnehmern gelang, in so kurzer Zeit so tolle Tänze zu lernen und mit ihren Bewegungen so intensive Emotionen auszudrücken. Dass ich mitmachen durfte, war für mich wie ein Ritterschlag.

Ich tauchte also ein in die Welt des Tanzes. Mein erster Tanz war die Rumba. Es war ein sehr intensives Training, das wir zu absolvieren hatten. Wir trainierten täglich etwa fünf bis sechs Stunden.

Durch den Ballettunterricht in meiner Kindheit und später durch die vielen Yogastunden in Kombination mit meinem Lauftraining war ich immer sportlich gewesen. Aber beim Tanzen war plötzlich alles ganz anders. Wir hatten einfach Spaß an der Bewegung im Rhythmus der Musik. Wenn ich in der Disco allein herumhopse, ist das eine Sache. Mit einem Partner zu tanzen war ganz neu für mich, einerseits weil ich von ihm lernen konnte, andererseits weil es bedeutete, dass ich plötzlich einem Fremden extrem nah war.

Für mich am Anfang gewöhnungsbedürftig war nicht nur die körperliche Anstrengung, sondern auch die Konfrontation mit mir selbst im Spiegel. Mein Tanzpartner sagte immer wieder: »Jetzt schau dich doch einmal im Spiegel an.« Seine Worte beim ersten Interview waren: »Hinter dieser schönen Hülle ist noch eine ganz normale, schüchterne Fülle.« Denn weder die Zuschauer noch ich selbst haben wohl damit gerechnet, dass ein Model und Playmate so schüchtern sein kann.

Die Bewegung war für mich ungewohnt, da ich in meinem Beruf immer irgendetwas präsentierte und dabei als Person ja eigentlich nicht im Mittelpunkt stand. Beim Tanzen war das anders. Ich musste darauf achten, was mein Körper machte, um die Choreografie zu perfektionieren. Am Anfang wagte ich nicht, mich so intensiv anzuschauen und mich quasi selbst zu »bewundern«.

Es war komisch, weil ich ein ganz anderes Bild von mir im Kopf hatte als das, was ich dann wirklich im Spiegel sah. Der Blick in den Spiegel ist jedoch für jeden Tanzschüler extrem wichtig, also blieb mir nichts anderes übrig, als mich daran zu gewöhnen.

Klar, am Anfang taten erst einmal die Füße weh, bis die vielen Blasen alle wieder abgeheilt waren. Ich hatte einen relativ strengen Lehrer, der immer sagte, ich müsse tanzen bis die Füße bluteten. Seine Tanzpartnerinnen hatten alle blutige, wunde Füße. Vielleicht gehört das auch irgendwie zum Tanzen dazu.

Aber die Leidenschaft, die ich empfand, als ich mich dieser Herausforderung stellte, ließen mich meine Wehwehchen schnell vergessen. Obwohl ich mir am Anfang der Etappen meist alles andere als sicher war, dass ich den Tanz wirklich innerhalb einer Woche lernen kann. »Das schaffe ich ja nie!«, schoss es mir anfangs durch den Kopf, wenn der Lehrer uns unseren Tanz zeigte. Doch das harte Training zahlte sich aus. Langsam bekam ich ein Gefühl für den Tanz. Ich lernte die Bedeutung jedes Tanzes, fühlte mich in sie hinein und lernte die Grundschritte.

Beim Tanzen geht es immer um das Spiel zwischen Mann und Frau. Beim Paso Doble zum Beispiel wird richtig gekämpft und die Leidenschaft und das Feuer sind spürbar. Beim Walzer schwebten wir förmlich im Dreivierteltakt über das Parkett und ich fühlte mich wie Kaiserin Sisi persönlich, mitten in Wien, mit Walzer und Schmäh und einem Kleid, so schön wie das einer Prinzessin.

Schlimm war jedoch die Panik, dass ich die Schrittkombinationen vergessen könnte, dass ich einfach nur dastehen und mich plötzlich an nichts mehr erinnern würde. Ich war schrecklich aufgeregt vor jeder Sendung. Einmal ist es dann wirklich passiert. Es war beim Tango, etwa in der Mitte des Tanzes. Ich stand da mit meinem wunderschönen Kleid und wusste wirklich nicht mehr, wie es weiterging. Es gab so viele Schrittfolgen! Ich war zu diesem Zeitpunkt schon etwas erschöpft, dazu kam die Angst, ob ich es in die nächste Runde schaffen würde. Da hatte ich einen echten Aussetzer, doch mein Tanzpartner rettete mich. Er führte mich, und ich machte einfach mit, so gut ich konnte. In diesem Moment hatte ich wirklich Glück.

Der Moment nach der Jurybewertung, als wir wussten, dass sich der Schweiß und das harte Training gelohnt hatten, war einzigartig.

Der Sinn eines Tanztrainings ist es, ganz gezielt einen Tanz zu lernen, nicht ein Fitnessprogramm abzuhalten. Auf den Körper wirkt es trotzdem wie ein Work-out-Programm. Wir schwitzten viel und die Beständigkeit des Trainings hatte eine direkte Wirkung auf unseren Körper und unsere Kondition. Wir hatten außer sonntags jeden Tag Training. Donnerstags war die Hauptprobe angesetzt und am Freitag die Show. In der Anfangsphase habe ich auf diese Weise wirklich viel abgenommen. Ich glaube, nur die wenigsten der Promis machten jeden Tag Sport, darum war es auch so intensiv, weil wir quasi von null weg mit einem Profitanztraining begannen.

Beim Tanzen findet sportliche Aktivität statt, aber die Teilnehmer lassen die Leute auch in ihre Seele blicken. Sie gehen an ihre Grenzen. Ich glaube, dass die Sendung darum auch so erfolgreich ist.

Seither bin ich ein großer Fan des Tanzsports und kann es nur allen ans Herz legen, einmal einen Tanzkurs oder einen Salsaabend einzuplanen, egal ob mit oder ohne Partner. Meiner Meinung nach gibt es kaum einen angenehmeren Sport, bei dem sich der Körper und die Stimmung in so kurzer Zeit verbessern.

Laufen wir dem Alter davon

Wem nicht danach ist, sich an fixe Trainingszeiten auf Sportplätzen oder in Fitnessstudios zu halten, oder wer kein Geld in eine teure Sportausrüstung investieren will, für den ist Laufen das Richtige.

Laufen können wir überall, egal, wo wir sind und egal, zu welcher Uhrzeit. In der Stadt, auf dem Land oder auch in unserem Urlaubsort, es findet sich immer eine geeignete Laufstrecke. Beim Umzug in eine neue Stadt haben wir laufend die beste Gelegenheit, unser Stadtviertel und die Parks zu erkunden und ein Feeling für die neue Umgebung zu bekommen. Wenn ich früher für Fotoshootings um die halbe Welt fliegen musste, half mir das Laufen sogar gegen den oft quälenden Jetlag.

Wichtig ist es, in gute Laufschuhe und einen Pulsmesser zu investieren. Beides macht sich beim Training bezahlt. Wer will, kann sich eine eigene Sporthose und Shirts zulegen, die er nur zum Laufen verwendet. Auch beim Laufen hilft es, sich ein eigenes Ritual zu kreieren. Ich werfe mich in mein Laufoutfit, wähle meine Lieblingsmusik aus und los geht's. Es gibt mittlerweile auch tolle Apps für das Handy. Solche Laufprogramm motivieren und machen Spaß.

Beim Laufen bin ich eins mit der Natur. Ich habe Zeit, um nachzudenken, zu fokussieren. Mit der richtigen Musik im Ohr bin ich ganz abgeschottet und die Gedanken können wandern. Die Ideen zu einigen Kapiteln dieses Buches sind ebenfalls beim Lauftraining entstanden.

Neben Schwimmen und Langlaufen ist Laufen der Fatburner schlechthin.

Wer gerade mit dem Laufsport beginnt oder eine längere Trainingspause eingelegt hat, sollte sich langsam durch eine Einheit Gehen-Laufen-Gehen an den Sport herantasten.

Eine Trainingseinheit vor dem Frühstück regt Stoffwechsel und Kreislauf optimal an.

Der positive Einfluss auf die Gesundheit ist enorm. Beim Laufen trainieren wir den ganzen Körper und stärken das Herz-Kreislauf-System und das Immunsystem. Dehnungsübungen vor und nach dem Lauftraining vermeiden Schmerzen in den Beinen und Entzündungen.

Das Beste kommt am Schluss, denn nach dem Laufen werden Endorphine ausgeschüttet. Warten sie während des Laufens nicht darauf, die Belohnung kommt erst nach dem Training. Und sei es nur, dass sie anfangs glücklich sind, wieder zuhause zu sein.

Wenn sich der Wohlfühlfaktor nach dem Training anfangs erst einmal in Grenzen hält, ist das auch nicht schlimm. Der Körper braucht Zeit, um sich an das Training zu gewöhnen. Ich bin jedenfalls nach jeder Trainingseinheit stolz auf mich, weil ich meinen inneren Schweinehund besiegt und etwas für meinen Körper getan habe.

WERDEN SIE DIE KÖNIGIN DER NACHT

Es ist immer wichtig, gepflegt zu sein, aber zu besonderen Anlässen darf es ruhig ein bisschen mehr sein. Der große Auftritt will geplant und organisiert sein, vor allem aber auch genossen werden. Damit Sie Fehlern bei der Vorbereitung und beim Styling aus dem Weg zu gehen, möchte ich Ihnen gerne meine Erfahrungen von den roten Teppichen dieser Welt weitergeben.

Für einen jugendlichen Auftritt

Es geht nichts über eine gute, durchdachte Vorbereitung. Beginnen wir ruhig und entspannt. Schlafen wir nach Möglichkeit noch ein Stündchen und erholen wir uns. Sollte die Einladung schon am Morgen oder zu Mittag stattfinden, lassen wir uns nicht zu Hausarbeiten hinreißen. Die Zeit gehört uns, die Arbeit läuft bestimmt nicht weg.

Wissen ist Macht

Informieren wir uns zuerst über den Zweck der Veranstaltung, zu der wir eingeladen sind. Bei Wohltätigkeitsveranstaltungen schauen wir ins Internet. Welche Charityorganisation hat eingeladen und was ist ihr Ziel? Welchem Zweck dient die Veranstaltung? Sollten wir in ein Gespräch verwickelt werden, wissen wir so Bescheid, und außerdem erfahren wir genau, wofür unsere Spende verwendet wird.

Ich selbst engagiere mich seit einigen Jahren für die Felix-Burda-Stiftung. Dabei geht es vor allem um die Darm-Krebs-Prävention. Ehrlich gesagt hatte ich vor meinem Engagement ein bisschen Bammel, selbst zur Darmkrebsvorsorge zu gehen, doch vor dem 25-Jahr-Jubiläumsevent habe ich mich entschlossen, es hinter mich zu bringen. Und genau da werde ich von einem Journalisten am roten Teppich gefragt: »Frau Saxx, was fühlte sich besser an: Playmate des Jahrhunderts zu werden oder eine Darmspiegelung zu bekommen?« Meine Antwort kam ohne Zögern und mit viel Leidenschaft: »Beides hat nicht weh getan!«

Bei Familienfeiern, Jubiläen und dergleichen können nähere Informationen auch nicht schaden. Besonders Familienfeiern können ein Minenfeld sein. Die Tante, die wir seit Jahren nicht gesehen haben, könnte eine Scheidung hinter sich haben, ihr geliebtes Schoßhündchen könnte verstorben sein oder Onkel Max könnte eine neue Freundin haben. Wissen bedeutet hier Überleben.

Nach der Recherche Hände und vor allem Augen weg vom Computer. Wir wollen ja nicht mit geröteten Augen erscheinen.

Naschkatzen

Bevor wir das Haus verlassen, nehmen wir am besten noch eine leichte Mahlzeit zu uns, denn wer weiß, wie lange es dauert, bis alle Ansprachen gehalten wurden und wir zum gemütlichen Teil des Abends übergehen können. Meiden sollten wir dabei Obst, denn das bläht. Wenn wir den ganzen Abend im sexy Kleidchen den Bauch einziehen müssen, trägt das nicht unbedingt zu unserer guten Laune bei.

Meine Mutter hatte für einen guten Geschmack im Mund immer ein paar Pfefferminzbonbons dabei. Bitte keinen Kaugummi, es gibt kaum etwas Unerotischeres als eine Frau im Abendkleid, die aussieht wie eine Wiederkäuerin.

> *Trinke ich vor dem Ausgehen einen »Cocktail« aus den Vitaminen B12 und E sowie Ginseng, bin ich bestens für eine Galaveranstaltung gewappnet. Vitamin B12 unterstützt die Nerven, Vitamin E sorgt für Sex-Appeal und Ginseng gibt eine extra Portion erotische Energie – ein echtes Aphrodisiakum also.*

Pflege- und Verwöhnprogramm

Beginnen wir unseren Abend mit einem sanften Körperpeeling und einem entspannenden Bad (siehe Kapitel Baderituale). Wer zu Rötungen neigt oder einen schwachen Kreislauf hat, ist mit einer heißen Dusche vielleicht noch besser bedient.

Um Flecken auf dem Abendkleid zu vermeiden, sollten wir unsere Haut nicht einölen. Ich rate zu einer leichten Feuchtigkeitslotion, die nach leckerer Vanille oder fruchtiger Mango duftet.

Gesichtspflege

Ich liebe es, vor dem Ausgehen Gesichtsmasken aufzulegen. Sie erfrischen, verfeinern die Poren und geben mir das Gefühl, dass ich mir etwas Gutes tue.

> *Wichtig ist, die Maske wirklich gut abzuwaschen, denn Rückstände können glänzen. Ich verwende danach noch einen Toner, bevor ich ein Glättungsfluid und eine leichte Tagescreme auftrage. Die sollte vor dem Schminken außerdem vollständig eingezogen sein. Die Augencreme klopfe ich ganz leicht ein. Diese Vorbereitungen helfen, damit Make-up und Puder nicht in den Fältchen haften bleiben.*

Haare und mehr

Für Frisur und Make-up gilt: Es kann gerne gewagt sein, sollte aber zu uns und unserem Outfit passen. Schließlich wollen wir nicht bemalt aussehen und mit wilder Mähne die anderen Gäste belustigen.

Zum großen Auftritt gehört eine Abendfrisur. Wessen Talent auf diesem Gebiet nicht sehr ausgeprägt ist, der lässt besser einen Fachmann Hand anlegen oder bittet eine geschickte Freundin um Hilfe. Bei kurzen Haaren sind die Möglichkeiten begrenzt, aber dennoch kann eine Kurzhaarfrisur sehr sexy aussehen, dafür müssen wir nicht Halle Berry heißen. Mit einem mutigen Handgriff etwas Haarwachs ins Haar und der Tageslook wird zu einem feschen, fransigen und jugendlichen Abendlook.

Glitzerhaarspray sollten wir wenn überhaupt, dann nur sehr sparsam verwenden. Der Glitter verteilt sich sonst überall auf uns und unserer Begleitung.

Was für die Frisur gilt, gilt auch für das Make-up

Wer sich mit der Erstellung des eigenen Make-ups unsicher fühlt, sollte lieber einen Visagisten konsultieren, als ein selbst gemachtes Schminkdesaster zu riskieren. Für alle anderen habe ich hier einige spezielle Tipps zusammengestellt:

Bei Abendveranstaltungen kann das Augen-Make-up ruhig etwas kräftiger sein. Das künstliche Licht nimmt einiges wieder weg. Allgemein gilt: Bei dunklen Augen (Smokey Eyes) eher ein heller Mund.

> *Wenn ich mich für einen roten Mund entscheide, der auf die Herren eine besondere Wirkung hat und für den man immer Komplimente bekommt, spare ich dafür bei den Augen an Farbe und Intensität. Wasserfeste Wimperntusche verhindert, dass sich zu späterer Stunde dunkle Ringe um die Augen absetzen.*

Bei künstlichen Wimpern kann der Kleber leicht überdosiert werden, daher sollten wir das Aufkleben vorher einige Male üben. Billige Wimpern und billige Kleber halten nicht richtig, da zahlt es sich aus, ein Markenprodukt zu kaufen. Wichtig: Das Kompaktpuder und der Gloss beziehungsweise Lippenstift sollten immer griffbereit in der Handtasche sein.

Der verwendete Lippenstift sollte kussecht sein, sonst verteilen wir ihn bei der Begrüßung auf den Wangen der anwesenden Herren und danach auf den Rändern der Gläser. Dann ist er überall zu finden, nur nicht auf unseren Lippen. Die Farbe des Lippenstiftes muss natürlich auf den Nagellack des Outfits abgestimmt sein.

Verschiedene Nagellackfarben auf Zehen und Fingern sind tabu. Ebenso abgesplitterter Nagellack. Um einen gepflegten Eindruck zu hinterlassen, müssen eben auch die Kleinigkeiten stimmen.

Das perfekte Abendoutfit

Das perfekte Abendoutfit ist keine Verkleidung, sondern ein Modell, das unserem Stil entspricht. Das richtige Kleid zu finden ist wirklich nicht einfach, denn die Auswahl ist groß. Eine kritische Freundin kann da eine enorme Hilfe sein. Für welches Modell und welche Farbe wir uns letztlich entscheiden, hängt aber allein von unserem persönlichen Geschmack und dem eigenen Typ ab.

Für elegante Anlässe empfehlen sich grundsätzlich Modelle, die unsere Weiblichkeit durch ein unkompliziertes und unaufdringliches Design unterstreichen. Auch die Qualität ist wichtig, selbst wenn das Kleid nicht oft zum Einsatz kommt.

Das Wichtigste bei der Kleiderwahl ist, dass wir uns wohlfühlen, denn besonders wenn wir das nicht tun, ist es uns leicht anzusehen.

Unser kleines Geheimnis

Das perfekte Outfit beginnt bei der Unterwäsche. Wer unter dem schicken Abendkleid Großmutterunterhosen trägt, strahlt keine Jugendlichkeit oder Erotik aus. Seide und Spitze auf der Haut bewirken, dass wir uns automatisch sexy und erotisch fühlen.

Unterwäsche heißt Unterwäsche, weil man sie unter der Kleidung trägt. Es sollen weder Träger des BHs noch Teile des Tangas zu sehen sein. Schließlich treten wir in keiner Nachmittagstalkshow auf oder sind Protagonisten in einem Musikvideo.

Das Kleid unserer Wahl sollten wir nicht erst am Abend der Veranstaltung probieren, sondern schon ein paar Tage vor der Einladung. Sollte es nicht passen, haben wir noch genügend Zeit, um für

Ersatz zu sorgen oder es zu ändern. Eine viertel Stunde vor Abfahrt das Kleid fünfmal zu wechseln verunsichert nur und treibt den Begleiter in den Wahnsinn. Die Gefahr, dann zum falschen Outfit zu greifen, ist in solchen Fällen besonders hoch.

Ein zu enges Kleid ist besonders problematisch, wenn wir stundenlang sitzen und dabei auch etwas essen müssen. Bei Bällen müssen wir auch noch das Tanzbein schwingen. Ein zu enges Kleid kann uns den ganzen Spaß verderben. Auch Treppen und andere Hindernisse können in einem engen Kleid zum Problem werden. Bei den Filmfestspielen in Cannes wählte die Frau von Alec Baldwin ein hautenges Kleid, weil sie offenbar nicht darüber informiert war, dass unzählige Treppen vom Red Carpet zum Palais du Festival führen. Nach einigen Fehlversuchen hob ihr Mann sie schließlich hoch und trug sie die Treppen hinauf. Wenn unser Begleiter nicht gerade über den Körperbau und den Humor von Alec Baldwin verfügt, haben wir in diesem Fall allerdings eine unüberwindbare Hürde vor uns.

Es gibt für jede Figur die passende Größe. Auch ich habe seit meinem 45. Lebensjahr die Illusion aufgegeben, mich bei H&M oder Zara in eine 34 oder 36 hineinquetschen zu können und akzeptiere die 38. Das sieht schließlich keiner, und so bleibt es mein kleines Geheimnis.

Drunter und drüber

Mit dem richtigen Outfit können wir unsere Vorzüge betonen. Unseren Busen, die schlanke Taille oder die schönen langen Beine. Seien wir ehrlich genug, um unsere Problemzonen zu erkennen und diese zu verschleiern. Ein mutiges Outfit ist nicht unbedingt ein vorteilhaftes. Es gibt kleine Hilfsmittel wie enge Formslips und eine Art enger Radlerhosen, die Oberschenkel, Po und Bauch im Zaum halten. Jennifer Lopez, Eva Longoria und Kim Kardashian gehen nicht ohne sie aus dem Haus. Zugegeben, diese Unterwäsche ist nicht sonderlich erotisch und sie hat auch noch den Nachteil, dass man sich in sie hineinzwängen muss. Auf halbem Weg haben wir vielleicht den Eindruck, dass wir es nie schaffen werden, der Effekt ist aber magisch.

Silikoneinlagen im BH lassen den Busen rund erscheinen und Klebeband verhindert, dass etwas verrutscht. Sogar die blutjunge und schlanke Paris Hilton bedient sich dieser Hilfsmittel.

> *Ich kenne die Silikoneinlagen aus meiner Zeit als Wäsche- und Bademodenmodel. Seitdem verwende ich sie immer, wenn es einmal ein bisschen mehr sein darf, zum Beispiel beim Oktoberfest.*

Achtung: Empire-Kleider passen nur jungen, schlanken Frauen, die über 1,70 m groß sind. Alle anderen lassen sie klein und dick erscheinen.

Großes Potenzial für ein verunglücktes Outfit haben auch ärmellose Kleider und Korsagen. Die Oberarme und das Dekolleté sind ab einem gewissen Alter nicht mehr topfit, auch wenn wir sie trainieren. Wabbelige Oberarme mit leichten Dellen oder vielen Falten sind nicht schön. Korsagen schieben durch ihren engen Sitz überschüssige Haut und Speckröllchen nach oben. Auch wenn uns die Kleider vor ein paar Jahren noch gepasst haben, sollten wir es lieber sein lassen. Wir müssen unseren Kleidungsstil den veränderten Gegebenheiten anpassen. Wer sich trotzdem für eine Korsage entscheidet, weil er das erotische Gefühl erleben will, das eine Korsage der Trägerin vermittelt, der sollte sie ausschließlich unter dem Abendkleid tragen.

High Heels

Beim Ausgehen sind Schuhe mit hohen Absätzen ein Muss. Wir gehen und bewegen uns eleganter, und acht bis zehn Zentimeter größer zu sein ist auch nicht verkehrt.

Dass die Schuhe in Farbe und Form mit dem Kleid abgestimmt werden müssen, ist ohnehin klar. Wichtig ist jedoch auch, keine neuen Schuhe zu tragen, die wir noch nicht eingegangen haben. Das kann vor allem bei Riemchenschuhen sehr schmerzhaft werden. Im Täschchen sollten wir immer durchsichtige Blasenpflaster mit dabei haben, die wir zur Not aufkleben können, wenn der Schmerz uns überrascht. In offenen, zehenfreien Schuhen sollten wir niemals Strümpfe tragen, auch wenn man grundsätzlich zur Abendkleidung keine nackten Beine haben soll. Riemchenschuhe und Peeptoes sind da die Ausnahme. Bestrumpfte Zehen, die aus Schuhen ragen, sehen entsetzlich aus.

Accessoires

Zur festlichen Kleidung gehört die passende Handtasche. Sie soll nicht zu groß sein und in Farbe und Material zum Outfit passen. Kleine Täschchen mit langem Riemen gehörten zu den Achtzigerjahren und sind nun wieder zurück. Sie sind vor allem bei Stehpartys sehr praktisch, und wir können sie auch beim Tanzen tragen.

Eleganter ist natürlich eine stylische Clutch, die unser Outfit aufpeppt. Sie kann bestickt oder mit Perlen verziert sein. Sollte unser Kleid etwas auffälliger sein, dann geht es auch ganz schlicht. Bei Einladungen zu Festen sind kleine Taschen mit kurzen Riemen am besten, denn diese können wir eng über der Achsel tragen und so haben wir die Hände frei, um ein Glas Champagner zu halten und Leute zu begrüßen, ohne in Verlegenheit zu geraten.

Das Outfit wird mit dem passenden Schmuck abgerundet. Für Abendveranstaltungen und Bälle gilt: Der Schmuck sollte echt sein, die Kronjuwelen brauchen wir jedoch nur auf den Opernball auszuführen. Zu schmale Kettchen mit kleinen Anhängern passen allerdings auch nicht zur Abendkleidung. Das Gleiche gilt für Ohrringe, sie dürfen ruhig eine Nummer größer sein.

Holzketten und Ähnliches passen zu Einladungen am Nachmittag, Hochzeiten, Geburtstagsfeiern oder Jubiläen, nicht aber auf eine Gala.

Wer seine Ohrringe nicht immer trägt, sollte sie schon einen Tag vorher anlegen, damit die Ohren nicht anschwellen und rot werden, wenn die Ohrläppchen durchstochen werden.

... dufte, dufte!

Für einen jugendlichen Duft ist das erotische Vanilleöl optimal. Am angenehmsten duften Öle und Parfums mit natürlichen Inhaltsstoffen. Wenn sich ein chemischer Duft mit dem Schweiß verbindet, kann das die Tischnachbarn eher vertreiben als verzaubern.

Im Sommer wollen wir anders duften als im Winter. Auch wenn wir unserem Duft treu sein wollen, so sind doch unsere Stimmung und unser Hormonhaushalt nicht immer gleich und damit verändert sich auch unser Körpergeruch. Parfum soll unsere Persönlichkeit zur Geltung bringen und sie nicht penetrant überdecken.

Happy End

Das Gelingen eines Abends oder eines öffentlichen Auftritts hängt von vielen Faktoren ab, die wir selbst positiv beeinflussen können. Die Vorbereitung wie auch unseren großen Auftritt sollten wir genießen und uns die gute Laune nicht verderben lassen, auch wenn ein paar Kleinigkeiten schiefgehen. Lachen wir einfach darüber. Trägt jemand das gleiche Kleid wie wir? Na und, uns steht es viel besser. Schmeckt das Essen nicht? Niemand sagt, dass wir den Teller leer essen müssen, wir sind ja nicht zuhause bei der Großmutter. Zwicken die Schuhe? Da wir uns gut vorbereitet haben, findet sich in unserem Täschchen ein kleines Pflaster, um Abhilfe zu schaffen. Wir kennen niemanden unter den anderen Gästen? Na, dann wird es Zeit, neue Leute kennenzulernen. Humor und Charme lassen uns strahlen und machen uns schön.

Gerne möchte ich Ihnen abschließend noch einen meiner Lieblingssätze, der mich schon seit langer Zeit begleitet, mit auf den Weg geben: *Age is a matter of mind – if you don't mind it doesn't matter!*

Danke

Ein besonderer Dank geht an die wundervollen Frauen, die mich auf meinem Weg inspirierend, liebevoll und geduldig begleitet haben: Meine Mama, für mich die schönste Beauty Queen und liebevollste Mama der Welt, die mich nach wie vor vom Himmel aus beschützt. Meine Freundin Angelika, die mich in den 23 Jahren unserer Freundschaft oft auch mal in meinen Allerwertesten getreten hat, wenn es nötig war, meine Freundin Lili, die meine Seelenschwester ist, und Gerlinde, die mir den Glauben geschenkt hat, dieses Buch überhaupt schreiben zu können.

Einen großen Dank möchte ich auch meinem lieben Freund Jochen aussprechen, der mir in den Jahren unserer Freundschaft immer wieder den Rücken gestärkt und den männlichen Touch zu diesem Buch geschenkt hat.

Herta Scheidinger, meiner Muse, die mich mit Geduld, Wissen und Inspiration in den vergangenen Monaten beim Schreiben unterstützt hat, möchte ich ganz besonders danken!

Literaturverzeichnis

Young! Einfach jünger aussehen, Silke Amthor, Gräfe und Unzer Verlag GmbH München, 2001
Natürliche Schönheitspflege, Josephine Fairley, Dorling Kindersley, 2001
Fatburner – so einfach schmilzt das Fett weg, Marion Grillparzer, Gräfe und Unzer Verlag GmbH München, 1999
Essen als Medizin – Genussvoll vorbeugen – natürlich heilen, Friedrich Bohlmann, Gräfe und Unzer Verlag GmbH München, 1999
Goji Die ultimative Superfrucht, Shalila Sharamon & Bodo J Baginski, Windpferd Verlags GmbH Oberstdorf, 2010
Die Silva Mind Methode, das Praxisbuch, José Silva & Burt Goldman, Heyne Bücher, 1988
The missing Link, Roy Martina, Buch mit CD, Koha Verlag 2009
Deepak Chopra, Feuer im Herzen, eine spirituelle Reise, Diogenes,2004
Der Weg der Kaiserin, Christine Li und Ulja Krautwald, Knaur Verlag 2000
The seven spiritual Laws of Success, von Deepak Chopra, 1994
Das große Buch der Makrobiotik, ein universeller Weg zu Gesundheit, Glück und Frieden, Michio Kushi mit Alex Jack, im Knaur 1995
Yoga für Anfänger, innere Ruhe und Gelassenheit, Harry Waesse, Gräfe und Unzer